dtv

»Ich sehnte mich danach, den Schrank schrumpfen zu sehen ...«; »Ich lese auf meinem Zimmer Proust, fresse dazu Marzipan«; »Wenn du lange genug sitzen bleibst und schaust, zwei oder drei Stunden zum Beispiel, dann siehst du den Tod« – das sind Sätze, bei denen Wilhelm Genazino in Romanen, Essays und Betrachtungen so berühmter Kollegen wie Virginia Woolf, Albert Camus, Ingeborg Bachmann, Franz Kafka oder Marcel Proust aufmerkte, das sind Sätze, die ihn verwunderten, zu Fragen provozierten oder zum Widerspruch. In unnachahmlicher Weise ist der rhein-mainische Gedankengänger diesen Findlingen nachgegangen, hat sie gleichsam seziert und mehrfach gewendet, um zu ebenso einleuchtenden wie schonungslosen Analysen zu kommen. Ein meisterhaft unaufdringlicher Interpret ist hier am Werk, ein feiner Ironiker.

Wilhelm Genazino, geboren 1943 in Mannheim, arbeitete zunächst als freier Journalist, später als Redakteur bei verschiedenen Zeitungen und Zeitschriften. Daneben machte er sich als Hörspielautor einen Namen. Als Romanautor wurde er 1977 mit seiner ›Abschaffel‹-Trilogie bekannt. Für sein umfangreiches Werk wurde er mit zahlreichen Preisen geehrt, zuletzt mit dem Georg-Büchner-Preis 2004. Der Liebhaber spanischer Literatur, der viele Jahre in Heidelberg gewohnt hat, lebt seit 2004 in Frankfurt.

Wilhelm Genazino

Achtung Baustelle

Deutscher Taschenbuch Verlag

Von Wilhelm Genazino
sind im Deutschen Taschenbuch Verlag erschienen:
Abschaffel (13028)
Ein Regenschirm für diesen Tag (13072)
Eine Frau, eine Wohnung, ein Roman (13311)
Die Ausschweifung (13313)
Fremde Kämpfe (13314)
Die Obdachlosigkeit der Fische (13315)

Ungekürzte Ausgabe
Januar 2006
Deutscher Taschenbuch Verlag GmbH & Co. KG,
München
www.dtv.de

Umschlagkonzept: Balk & Brumshagen
Umschlaggestaltung: Stephanie Weischer unter Verwendung
einer Fotografie von © Visum/buchcover.com/Eva Pradel
Satz: Fotosatz Reinhard Amann, Aichstetten
Druck und Bindung: Druckerei C.H. Beck, Nördlingen
Gedruckt auf säurefreiem, chlorfrei gebleichtem Papier
Printed in Germany
ISBN-13: 978-3-423-13408-8
ISBN-10: 3-423-13408-9

Inhalt

I

III

I

»Ich sehnte mich danach, den Schrank schrumpfen zu sehen ...«

Man muß sich das auf der Zunge zergehen lassen: Ein Mensch sehnt sich danach, einen Schrank schrumpfen zu sehen. Ist das nicht zuviel? Doch genau das steht schwarz auf weiß in Virginia Woolfs Roman *Die Wellen*. Für einen Augenblick empfinden wir die Künstlichkeit jeder Sprache. Indem sie uns erlaubt, etwas Unmögliches auszusprechen, spüren wir ihr Gängelband, dessen Radius wir exakt einhalten, wenn wir Unverständlichkeit scheuen. Doch dann kommt ein solcher Satz daher und riskiert, von uns zurückgewiesen zu werden, weil eine Autorin für einen Moment das Gängelband durchschnitten hat. Die Menschen sprechen mit den Dingen, aber die Dinge sprechen nicht mit den Menschen. Diese skandalöse Unausgewogenheit ist es, die Schriftsteller dazu treibt, in die Bereiche des Nichtsprachlichen vorzudringen. Es ist eine haltlose Anstrengung, an der sich alle Literatur abarbeitet. Denn die Schriftsteller stoßen dabei nicht nur auf das Unaussprechliche, sondern auch auf das Unsagbare, was nicht dasselbe ist. Das Unaussprechliche ist, jedenfalls seiner Möglichkeit nach, mehr und mehr übersetzbar in den Ausdruck. Das Unsagbare hingegen bleibt (wenn wir Ludwig Wittgenstein glauben wollen) unsagbar für immer. Was jedoch nur vorläufig unaussprechlich ist und was für immer unsagbar bleibt, wissen Schriftsteller nicht vorher. Schon oft war es nur eine Frage der Zeit, bis ein unmöglicher Satz auch von der sprechenden Mehrheit angenommen wurde. Bis es soweit ist, schweben riskante

Ausdrücke zwischen den Sphären der gesprochenen Sprache und der bloß literarisch versuchten hin und her und warten auf das Schicksal ihrer Verwendung. Ich für meinen Teil habe keine Schwierigkeiten, mir einen schrumpfenden Schrank vorzustellen. Es schrumpfen ja auch andere Dinge. Haben Sie nicht bemerkt, wie sogar Ihre Hand ein wenig geschrumpft ist, während Sie diesen Artikel gelesen haben?

»Der Mensch von 1950: Er fickte und las Zeitungen.«

Genau! Das war der Mensch von 1950: Er fickte und las Zeitungen. Der Mensch von heute hat die Reihenfolge natürlich umgedreht: Er liest Zeitungen und fickt. Und wenn das neue Jahrtausend anbricht, wird die Gattung auf das Zeitunglesen ganz verzichten. Dann muß der Satz lauten: Der Mensch des Jahres 2000 fickt und sieht fern. Womöglich gleichzeitig.

Es genügt, ein wenig mit ihm zu spielen, und der Satz enthüllt von selber, daß außer Unfug nichts an ihm dran ist. Aber der Satz ist ernst gemeint. Und er stammt keineswegs von Charles Bukowski, Henry Miller oder Werner Schwab, sondern von einem Autor, der für seine Zartheit und Menschlichkeit bekannt war und noch dazu einen Ruf als Denker hat, nämlich von Albert Camus. 1951, als der spätere Nobelpreisträger den Satz in sein *Tagebuch* notierte, war er 38 Jahre alt – und hätte wissen können, was ein dummer Satz ist. Ich will nicht Camus schmähen; ich bin auch nicht der weit verbreiteten Ansicht, daß mindere Werke oder mißratene Sätze einen Autor diskreditieren können. Ich greife den Satz nur heraus, um auf ein ärgerliches Berufsproblem von Schriftstellern hinzuweisen: auf den ungesicherten Status ihrer Wahrnehmungen. Unter den Philosophen gelten diejenigen als zuverlässiger, die mit einem erkenntniskritischen Text geklärt haben, wie sie zu ihren besonderen Einblicken gekommen sind. Unter Schriftstellern hat sich eine solche Qualifikation leider nicht eingebürgert. Ihre »Kompetenz« kommt auf gröbere Weise zustande. Je mehr ihr Ansehen wächst, desto unaufhaltsamer werden sie zu öffentlichen Instanzen. Wer ein paar anständige Romane oder Theaterstücke geschrieben hat, gilt als Experte fürs Allgemeine. Viele Autoren fallen auf diese Zuschreibungen gern herein und fühlen sich bald zuständig für die Überbevölkerung, die Bürokratie, den Leistungssport und hundert andere Dinge. Unfein scheint die Erinnerung daran zu sein, daß es für Schriftsteller nur eine einzige, sozusagen professionslogische Authentizität gibt, und das ist die des Schreibens selber. Es sei denn, es taucht eines Tages ein Schriftsteller auf, der uns endlich eine brauchbare Kritik der Wahrnehmung schreibt. Mit ihr wären wir (vielleicht) vor allzu groben Schnitzern sicher. Bis dahin müssen wir uns mit fickenden Zeitungslesern abfinden.

»Die Liebe aber ist unwiderstehlich.«

Ist das überhaupt ein literarischer Satz? Seine Gestalt ist anspruchslos. Er ist auf die einfachste Art nach dem Muster von Subjekt, Prädikat und Objekt gebaut. Eine eigensprachliche Note ist nicht erkennbar. Die Proposition ist – sagen wir es mild – von beträchtlicher Geläufigkeit. Deren dürftiger Gehalt, der gleichwohl pathetisch auftrumpfend daherkommt, läßt uns an Urheber aus ganz anderen Branchen denken. Handelt es sich vielleicht um eine Botschaft von Udo Jürgens oder Roland Kaiser? Mitnichten! Der Satz steht im Werk einer als hochkarätig geltenden Autorin, nämlich in dem Roman *Der Fall Franza* von Ingeborg Bachmann. Der Satz ist gewiß problematisch, wenn nicht offen kitschig, aber ich denke, im Gewebe seines Fundorts ist er gerechtfertigt und sogar notwendig. Denn das plötzliche Auftauchen banaler Sätze in weitgehend sprachautonomen Werken erinnert uns daran, daß es vielleicht doch irgendwo ein Leben gibt, das aller Zurechtweisungen und Korrekturen der Kunst nicht bedarf. Der explizit kunstlose Satz ist eine unvordenkliche Äußerung, eine Manifestation der uns eingeborenen Grundwünsche, wie unser Dasein ausfallen müßte, wenn wir als Erlöste leben dürften. Denn natürlich ist die Liebe widerstehlich. Das ist der Skandal, der nach einer Umwertung verlangt; diese ist um so wirkungsvoller, je bescheidener ihr Auftritt ausfällt. Daß der Satz »Die Liebe aber ist unwiderstehlich« ein bißchen verschmockt klingt, ist belanglos gegenüber dem Aufstand des Wunsches gegen die Erfahrung, der in ihm durchschlägt. Salopp gesagt: Wir nagen unser Leben lang an ein paar Knochen, die wir nicht weglegen dürfen, obwohl wir wissen, daß sie zu groß für uns sind. In diesem Sinn ist der Satz von Ingeborg Bachmann das unaufgebbare Rütteln an den Gittern unserer Gefängnisse. Er paßt, weil er nicht paßt; er ist wahr, weil er nicht wahr werden kann.

»Vogerlsalat grüßt.«

Was sollen wir mit dieser merkwürdigen Mitteilung anfangen? Die beiden Worte – und sonst nichts – stehen auf einer Postkarte, die ein heute hochgeschätzter Autor im Jahre 1916 verschickt hat. Ich wiederhole: Sonst steht nichts auf der Postkarte, keine Anrede, keine Grußformel, kein Absender. Vermutlich gehören die zwei Worte zum Bestand einer Privatsprache, die außer dem Absender und dem Empfänger niemand versteht. Der Absender gilt als todernster Schriftsteller; er ist Verfasser der vielleicht ausweglosesten Romane dieses Jahrhunderts. Richtig! Es ist Franz Kafka, der die Zwei-Worte-Postkarte geschrieben hat, und zwar an seine Schwester Ottla. In den Anmerkungen des Bandes (Franz Kafka: *Briefe an Ottla und die Familie*, Frankfurt/Main und New York; 1974), in dem ich diesen (wahrscheinlich kürzesten) Text Kafkas fand, werden wir informiert, Vogerlsalat sei ein »österreichischer Ausdruck für Rapunzel- oder Ackersalat; Anspielung auf das vegetarische Essen«. Das mag sein, nur geht die Erklärung am rätselhaften Kern der zwei Worte genau vorbei. Irritierend ist nicht, daß Vogerlsalat ein Wort für Rapunzel- oder Ackersalat ist, sondern daß Vogerlsalat – wenn wir Kafka folgen – ein Salat ist, der »grüßt«. Genauer: Der Absender rückt an die Stelle des schreibenden Subjekts einen so toten wie stummen Gegenstand. Das heißt, bezogen auf die Schreibsituation: Im Augenblick, als Kafka mit einer Postkarte seine Schwester grüßen wollte, versetzte ein Vogerlsalat sein Assoziationsvermögen in eine identifikatorische Bewegung. Jetzt, vermute ich, befinden wir uns auf der wahren, der komischen Spur der Mitteilung. Wir wissen nicht, wie der Vogerlsalat auf Kafkas Teller ausgesehen hat, aber wir können uns leicht vorstellen, daß es sich um ein häßliches kleines Durcheinander handelte, in dem Kafka ein Abbild seiner eigenen körperlichen Lächerlichkeit sah, unter der er, wie wir aus vielen Zeugnissen wissen, nicht wenig gelitten hat. Daß er über diese Lächerlichkeit zugleich souverän verfügte und sie, zumindest für seine Schwester, dem Vergnügen anderer Menschen auslieferte, macht diese Zwei-Worte-Geschichte zum kürzesten komischen Text der Weltliteratur.

»Ich lese auf meinem Zimmer Proust,
fresse dazu Marzipan.«

Wer Proust liest, das hören wir immer wieder, gilt als besonderer Mensch. Wir stellen uns diskrete Individuen vor, die unauffällig, fast versteckt leben und das Besondere, das sie lieben, niemals DAS BESONDERE nennen müssen, weil sie sich vor jeder Verdinglichung fürchten. Überhaupt scheuen sie die Selbstdarstellung und jede Art von Betrieb. Ihre gute Erziehung ist nie gefährdet, nicht einmal in herausfordernden Situationen. Und jetzt das: »Ich lese auf meinem Zimmer Proust, fresse dazu Marzipan.« Ein gelernter Proust-Abschmecker kann eine solche Roheit nicht geschrieben haben. Und doch stammt der Satz von einem Leser, der mindestens so besonders war wie Proust selber, nämlich von Walter Benjamin. Er schrieb ihn in sein *Moskauer Tagebuch*, als er um die Jahreswende 1926/1927 in der russischen Hauptstadt herausfinden wollte, ob er Kommunist werden sollte oder nicht. Und außerdem um die schöne Revolutionärin Asja Lacis warb, die sich ihm jedoch verweigerte. Dabei muß Benjamin öfter als einmal bemerkt haben, wie einsam und hilflos er war. Die Reise nach Moskau, von ihm als Befreiung gedacht, vertiefte im Gegenteil die Kluft des Reisenden zu seinen Absichten. Aber Benjamin wußte, daß sich im gelungenen Lese-Akt unsere Verlorenheit momentweise selbst aufheben kann und dadurch erträglich wird. Erst lange nach Benjamins Tod ist in der (psychoanalytischen) Literatur der Zusammenhang zwischen Regression, Sehnsucht und Süßigkeiten aufgehellt worden. Es gibt, kurz gesagt, eine logische Beziehung zwischen Proust und Marzipan. Insofern ist es (gegen jede Vorannahme) nichts als einleuchtend, daß der Proust-Leser Benjamin Marzipan nicht naschte und nicht aß, sondern fraß. Je mehr er dabei seine Niederlagen betäubte, desto eher hatte er eine Chance, deren Abgründe zu verschmerzen. Und die müssen mächtig gewesen sein; der letzte Satz des *Moskauer Tagebuchs* lautet: »Mit dem großen Koffer auf meinem Schoße fuhr ich weinend durch die dämmernden Straßen zum Bahnhof.«

»Ich weiß von nichts, wie diese Dächer.«

Als ich diese Metapher zum ersten Mal las, empfand ich sie als Mißgriff. Das Gegenteil hielt ich für richtig: Wenn es Objekte gibt, die über unser Leben etwas wissen, dann sind es Dächer. Sie überspannen alle Ereignisse, die sich zwischen Lebewesen zutragen, sie hören – so dachte ich in der unwirklichen, die Technik der Metapher verlängernden Art – jedes Geräusch, jedes Wort, sie sehen jede Bewegung, jede Geste. Vielleicht haben Dächer sogar ein Ge*dächt*nis; denn unterhalb der Ziegel und Dachlatten befinden sich bekanntlich Speicher, in denen aufbewahrt wird, was nicht verlorengehen soll. In genau diesem Sinn »speichern« wir Erinnerungen. Richtig müßte die Metapher – sie stammt von Fernando Pessoa und steht in seinem *Buch der Unruhe* – deshalb lauten: »Ich weiß alles, wie diese Dächer.« Danach drehte sich meine immer noch unzulängliche Auffassung einmal um sich selbst. Das heißt, ich blieb zunächst dabei, Dächer für wissend zu halten, aber ich konnte (angeleitet vom Stachel der Metapher) den Zweifel am Wert dieses Wissens nicht dauerhaft ausschließen. Ich brauchte nur wenig nachdenken, und es fielen mir immer mehr Geschichten und Details von Menschen ein, die zwar gebildet sind, ihre Bildung aber nicht oder nicht ausreichend genug nutzen können; das Wissen erscheint ihnen, weil es lebenspraktisch oft ohne Wert bleibt, wie eine andere Form des Nichtwissens. Und plötzlich sah ich ein, daß die Metapher von Fernando Pessoa punktgenau trifft: Die Dächer wissen zwar alles, aber sie (beziehungsweise wir) haben nichts davon.

»Herr, gib ihnen die ewige Ruhe nicht.«

Ein Requiem ist eine (katholische) Seelenmesse. Es wird zum Gedenken eines Toten aufgeführt, und es beginnt mit dem Eingangsgebet: »Requiem aeternam dona eis, Domine ...« (»Gib ihnen die ewige Ruhe, Herr!«). So beginnt auch Mozarts Requiem, das er bekanntlich nicht hat vollenden können, weil er 1791, erst sechsunddreißig Jahre alt, überraschend starb. Fünf Jahre vor seinem eigenen Tod (1991) beschäftigte sich Wolfgang Hildesheimer mit dem Text des Mozartschen Requiems. Er übersetzte es und formte es dabei in sein Gegenteil um. Denn der 75jährige Hildesheimer fand, daß viele seiner Zeitgenossen die ewige Ruhe nicht verdient hätten. Hildesheimer wußte, an wen er dabei dachte, und er zählte sie alle auf, die »Mörder unserer Erde«, die »Verseucher der Ebenen«, die »skrupellosen Schänder«, die »Schreibtischtäter«, die »Plünderer«, die »Zyniker«, die »Nutzbarmacher« und so weiter und so weiter: »Ihnen soll das ewige Licht nicht leuchten.« Und Hildesheimer wiederholt mit nun schon anordnender Geste: »Herr, kein Requiem für sie.« An dieser Stelle wunderte ich mich zum ersten Mal. Wie einst Moses redet Hildesheimer mit Gott und merkt offenkundig nicht, daß das Reden mit Gott *nach* Moses allenfalls Komik hervorbringt. Lachen mußte ich, als Hildesheimer Gott tatsächlich empfiehlt, die ewige Ruhe umzuverteilen: »Herr... Gib ihnen die ewige Ruhe nicht! Gib sie anderen!« Jetzt war ich mitten in der katastrophalen Zweideutigkeit des Textes angekommen, aus der es vermutlich keinen Ausweg gibt. Spannend ist nicht, daß ein alt gewordener Ironiker die Welt, die er so oft verspottet hatte, plötzlich retten will. Das hatten wir schon öfter. Sondern kühn ist, daß ein Autor seine Gottesverlassenheit in eine Gottesbeteiligung umdichtet und zugleich offenläßt, ob wir diesen halsbrecherischen Akt erneut ironisch oder vielleicht doch ernst nehmen sollen. Wahrscheinlich beides zugleich: zusammengedacht als Selbstblamage alles Lebendigen, die ein Dichter nur in einem scheiternden Text ausdrücken kann.

»Das selbständig denkende und handelnde Individuum wird ausgelöscht werden.«

Warum nehmen uns schlimme Voraussagen sofort gefangen? Vielleicht liegt es nur daran, daß wir uns – das ist ein Rätsel für sich – in unserem Unglück meistens besser auskennen als in unserem Glück. Der Autor der hier vorgestellten Prognose heißt George Orwell. Sie wurde 1940 erstmals veröffentlicht und faßt in einem Satz zusammen, worüber Orwell mehrere gescheite und düstere Romane geschrieben hat. Leider büßt der Satz, sobald wir ihn näher prüfen, rasch an Kraft ein. Mißtrauisch macht zunächst, daß er auf versteckte Weise jedem zustimmt, der ihn liest. Wer seinen Inhalt abstrakt logisch zurückweisen will, hat es am leichtesten; man braucht nur die in der Zurückweisung selbst steckende Freiheit betonen, und schon erscheint seine Proposition fragwürdig. Recht hat ferner, wer behauptet, die Wahrheit des Satzes sei schon längst eingetreten und offenkundig; dafür gibt es in der Realität Belege in Hülle und Fülle. Ein Dritter, der sich klug aus der Affäre ziehen (und den Satz vielleicht) retten will, halbiert seine Wahrheit und hat ebenfalls recht: Vielleicht werden wir in Zukunft zwar noch selbständig denken können, handeln aber nicht mehr. Ist ein Satz, der es jedem Denken recht macht, nicht das sprichwörtliche Fähnchen, das in jedem Wind flattert? Jetzt erst fällt das Wichtigste auf; wie viele apodiktisch formulierte Sätze läßt er etwas Entscheidendes offen; in diesem Fall den Zeitpunkt seiner möglichen Wahrheit. *Wann* werden wir nicht mehr selbständig denken und handeln? Morgen? Im nächsten Jahr? Im nächsten Jahrhundert? Oder wann? Mit voreingenommener, vielleicht kalkulierter Undeutlichkeit täuscht der Satz darüber hinweg, daß er sich ewige Aktualität erschleicht. In Wahrheit ist er eine Allerweltsdrohung, die froh darüber sein muß, daß sie nicht in derselben Geschwindigkeit nachgeprüft wie heruntergesagt werden kann.

»Kultur ist Müll, und Kunst, einer ihrer Sektoren doch ernst als Erscheinung der Wahrheit.«

Was nun: Ist Kultur Müll – oder Wahrheit? Knapper und schroffer als in diesem Satz (aus der *Ästhetischen Theorie*) hat Theodor W. Adorno seine ambivalente Haltung zur Kultur nirgendwo ausgedrückt. Müll oder Wahrheit – das liegt soweit auseinander, daß eine Vermittlung zwischen beiden unmöglich erscheint. Seit Nietzsche, Freud und Max Weber erfahren wir Kultur als entlarvte Kultur. Aber die enttarnte Kultur überlebt seither immer wieder neu ihre Enttarnung, weswegen sie von zornigen Finaldenkern, auch von Adorno, auf den Müll geworfen wurde. Das heißt: 1. Adorno beugte sich aus Respekt einem Teil seiner Vordenker. 2. Zugleich mußte er diesen Vordenkern widerstehen und die Kultur (als Wahrheit) wieder retten. 3. Als Konzertbesucher, Opernliebhaber und Debattierer nahm Adorno an der von ihm verschmähten Kultur fortwährend teil, obgleich er 4. den Verschleiß der eigenen Werke in der gleichen Kultur nicht verhindern konnte. Diese vierfach gebrochene Teilhabe brachte eine sich immerzu verfeinernde Individuation hervor; sie mündete in einen Kult der Kennerschaft, der auch den Hohn auf jede gerade nicht benötigte Kulturform erlaubte. Deswegen, denke ich, zielt der Satz weder auf Kunst noch auf Kultur, sondern er berührt nur, quasi elektrisch aufblitzend, Adornos Konflikte mit beiden. In seiner Radikalität wird momentweise übergangen, daß Kultur nur ein anderes Wort für Sehnsucht ist. Wir wollen die Identität von Sehnsucht und Kultur nicht gering veranschlagen, im Gegenteil. Deshalb halten wir pragmatisch fest: Wer Kunst will, kommt um Kultur nicht herum; Kultur ist deren organisierendes Prinzip. Gelassen sehen wir der Möglichkeit ins Auge, daß es vielleicht Adornos Satz ist, der auf den Müll gehört.

»Ziehen wir uns nicht morgens an,
um uns abends wieder auszuziehen?«

Natürlich machen wir eine ganze Menge mehr. Das Anziehen morgens und das Ausziehen abends sind nur äußere Fixpunkte eines Rahmens. Der Satz blendet unsere Hauptbeschäftigungen kühn aus und hebt statt dessen ein bloß rituelles Moment des Alltags hervor. Diese Verschiebung macht den Satz literarisch interessant. Eine Belanglosigkeit erscheint plötzlich bedeutsam und heißt uns neue Fragen stellen. Zum Beispiel, ob das tägliche An- und Ausziehen außer banal nichts anderes ist oder, strenger noch, ob es Banalität überhaupt gibt. Kann es nicht sein, daß es nur darauf ankommt, wie lang und mit welchen Ideen wir angeblich banale Gegenstände und Vorgänge anschauen – und schon ist Banalität kein Thema mehr? Der Fundamentalismus dieses Fragens weist unmittelbar in die Moderne. Es könnte Josef K. sein, aber auch Molloy oder Abschaffel, der sich mit solchen scheinbar abgründigen Problemen beschäftigt. Erstaunlicherweise ist der Satz keineswegs einem modernen Roman entnommen. Ich fand ihn in Goethes *Wahlverwandtschaften*. Ausgerechnet Goethe, dem in Werk und Leben sinnhaft gestaltete Biographie ein großer Wert war, hat in seinem vermutlich besten Buch einen Satz versteckt, durch den gleichsam der Blick unserer Spätzeit in den Roman hineinreicht – und diesen zu einem auch modernen Buch macht. Denn der Satz läßt durchblicken, daß auch die vor Vergeudung und Vergeblichkeit weithin geschützte Biographie nicht frei davon ist, dann und wann als blödes Einerlei zu erscheinen, dessen Absurdität nicht zu bändigen, sondern nur zu ertragen ist. Für derlei ungemütliche, weil »moderne« Gesichtspunkte gab es in der Goethezeit freilich wenig Muße. Heute erscheint der Satz als hellsichtiger Fremdling, von dessen Signifikanz selbst der Verfasser nichts geahnt haben dürfte.

»Meine Existenz beruht in ihrer Möglichkeit darauf, daß ich nicht daran erinnert werde, wie ich lebe.«

Ein solches Leben erscheint unmöglich, ja abwegig. Wie will ein Mensch auch nur einen einzigen Tag überdauern, ohne zugleich – und unausweichlich – auf die Formen seiner Existenz zu stoßen? Ein derartig akrobatisches, sich gleichsam auf Stelzen vorwärts tastendes Dasein ist uns nicht vorstellbar. Was zu dieser Unmöglichkeit freilich nicht paßt, ist der klirrend klare Satz, der sie ausdrückt. Mit kaltschnäuziger Sachlichkeit, ohne jedes Gejammer über verfehlte oder ungenügende Identität stellt der Soziologe Max Weber (in einem Brief an Georg Jellinik vom 8. Januar 1908) fest, daß er seine Biographie nur aushält, weil er sich ein Doppelleben erfunden hat. Denn darauf läuft die Analyse des Satzes hinaus. Ein erster, früherer Entwurf seines Lebens ist Weber mißglückt; daraufhin konstruierte er einen zweiten (oder mehrere), die ihn an den gescheiterten ersten nicht mehr erinnern sollten. Jetzt hat der Satz, denke ich, seine Schrecken schon fast eingebüßt. Leben wir nicht alle so, zumindest vorübergehend? Freilich ohne es zu bemerken und ohne es je auszudrücken. Nämlich so, daß wir allmählich in uns selbst ein Versteck für uns finden, irgendeine zweite Möglichkeit, in der wir ungestört(er) leben dürfen. Und von der wir dann merken, daß sie uns doch nicht schützt. An diesem Punkt tritt die Chance des Doppellebens vor uns hin; dann müssen wir lernen, verschiedene Existenz-Einschätzungen gleichzeitig zu haben. Denn das einzige, das einzigartige Leben, das wir eigentlich führen wollen, ist uns verwehrt. Niemand entkommt seinem Anteil am kollektiven Schicksal der Anonymität und Auswechselbarkeit. Aber unterhalb dieser Verluste sind interessante Manöver möglich, die von jedermann entdeckt werden können. Gewiß scheint, daß unser Leben sowieso wenigstens zweimal absolviert werden muß, einmal als veröffentlichte Fälschung und ein zweites Mal als verborgenes Original. Und ein drittes Mal, weil sich auch die Verbergung nicht durchhalten läßt. Schon haben wir drei verschiedene Ich-Entwürfe, die untereinander korrespondieren und das Verfahren der Individualisierung einleiten. Es besteht aus einer Intimität mit dem eigenen Selbst, in das hineinzureden ohne die Erlaubnis des Existierenden nicht möglich ist.

»Diese Schrift ist widerwillig zu dem Schluß gelangt, daß wir den Untergang des Schreibens zu erwarten haben –«

Autor dieser deprimierenden Botschaft ist der Philosoph und Medientheoretiker Vilém Flusser. Technische Gründe sind es, meint er, die das Schreiben überflüssig machen werden. Weil sich unsere Welt, so Flusser (in seinem Essay *Die Schrift*), vor unseren Augen in ein riesiges digitales Terminal verwandelt, löst sich die Notwendigkeit persönlichen Schreibens von selber auf. Gewiß scheint, daß die Computerisierung der Welt ähnlich bedeutsam ist wie einst deren Mechanisierung. Ob das schon ausreicht, den »Untergang des Schreibens« zu verkünden? Ich widerspreche nicht, weil ich das allgemeine Schreiben für sinnvoll halte, obgleich schon dieser Gedanke ein Frevel ist; jeder Text, der wichtige und der unwichtige, bezieht seine Notwendigkeit nur aus der Person dessen, die schreibt. Ich spiele auch nicht auf die vielleicht bedrückende Tatsache an, daß die veröffentlichenden Autoren nur eine winzige Minderheit aller Schreibenden überhaupt sind. Sondern ich bezweifle Flussers These mit einem Argument, das ich der Dynamik des Schreibens selber entnehme. Wir wissen bis heute nicht, warum wir schreiben. Wir wissen nicht einmal zuverlässig, woher das Schreiben überhaupt kommt. Noch niemals in der Geschichte des Wissens hat das Interesse an ungelösten Fragen von selber aufgehört. Ich behaupte deshalb, wir werden weiter schreiben, solange wir nicht wissen, warum wir schreiben und was Schreiben bedeutet. Mit welchen Geräten wir das tun, ist dabei ohne Belang. Es ist viel eher möglich, vermute ich, daß sich unser bisheriges Interesse am Ergebnis des Schreibens, an der Literatur, mehr und mehr verschieben wird auf die Personen, die Literatur hervorbringen. Denn noch unaufgeklärter als das Schreiben ist das Rätsel des Autors, der mit einer von ihm in die Welt gerufenen Schrift diese besser erträgt oder überhaupt nur mit ihr. Die Verschlingung von Existenz und Schreiben ist nur deswegen noch nicht Gegenstand von Forschung geworden, weil bis heute niemand weiß, wie man sich diesem phantastischen Geheimnis seriös nähern soll. Darin liegt der tiefere Grund, warum wir einen »Untergang des Schreibens« nicht zu erwarten haben.

»Die Toten sind milde zu uns.«

In den siebziger Jahren, als diese Zeile des polnischen Lyrikers Zbigniew Herbert zu uns kam, empfand ich sie als die präziseste und knappste Beschreibung der Lage. Auschwitz schien, wenn nicht vergessen, so doch wenigstens »aufgearbeitet«, »kompensiert«, »überwunden« – und wie all diese braven Wörter heißen. Deutschland hatte, die Politiker sagten es immer wieder, seine »Lektion gelernt« (Helmut Kohl) und war überdies ein eifriger Lehrling des Wirtschaftens geworden. Und dies alles auf demokratischer und also unverdächtiger Grundlage. Tatsächlich: Die Toten waren milde zu uns, jedenfalls damals. »Waren« schreibe ich und habe damit das Gedicht korrigiert, was ganz gegen meine Absichten geht. Ich will das Gedicht nicht verbessern, sondern nur melden, daß es nicht mehr stimmt. Die Toten haben ihre Milde verloren. Es ist schwer zu sagen, wie der Umschwung zustande kam. Sind es die Greuel im ehemaligen Jugoslawien? Ist es der Krieg in Rußland? Oder die neuen Pogrome in Deutschland? Vielleicht sind es nicht einmal die »neuen« Toten, die die Unruhe verbreiten, sondern immer noch die »alten«, von denen kaum noch jemand weiß, wie sie als Lebende ausgesehen haben. Seit Auschwitz in Hollywood angekommen ist, zeigt sich die vielleicht größte Abscheulichkeit von Geschichte: Das Verbrechen mußte erst populär werden, ehe sich die Menschen mit ihm beschäftigten. Wie soll man die neue Stimmung beschreiben? Es ist, als sei momentweise das Bangen der Toten zurück gekehrt. Ihre Leiber sind zwar verschwunden, aber das Zittern ihrer

Stimmen ist wieder da. Wollen die Toten mit uns sprechen? Die Idee eines Zusammenseins mit ihnen weisen wir zurück. Dazu haben wir noch reichlich Gelegenheit, wenn wir selber einmal tot sind. Dabei gibt es ein sogar eigennütziges Motiv, der Rückkehr der Toten standzuhalten. Ich fand es in einem kleinen, dreizeiligen Gedicht von Günter Eich, das der Autor in den fünfziger Jahren schrieb und zu Lebzeiten nicht veröffentlicht hat:

Bleibt bei uns, ihr Toten,
helft uns
vor neuer Schuld

»Bevor man es nicht geschafft hat, in einem Zimmer zu leben, kann man nicht hinausgehen und kämpfen.«

Viele Leser kennen den häufig zitierten Gedanken von Blaise Pascal, wonach das »ganze Unglück der Menschen aus einer einzigen Ursache kommt: nicht ruhig in einem Zimmer bleiben zu können«. Vermutlich ist der Satz deshalb so beliebt, weil wir einerseits seine Wahrheit erkennen, andererseits aber nicht wissen, wie wir ihr genügen sollen. Denken wir nur an unser Erwerbsleben, dem niemand nachgehen kann, ohne von Zeit zu Zeit sein Zimmer zu verlassen. Aber auch ohne diese »Realitätsprüfung« (Freud) bleibt ein Unbehagen gegen Pascal. Folgten wir ihm tatsächlich, dann müßten wir uns mit einer philosophisch veredelten Stubenhockerei abfinden, die wir aus vielen Gründen nicht gutheißen können. Deshalb setze ich Pascal einen Satz des englischen Dramatikers Harold Pinter entgegen, den er einmal in einem Interview geäußert hat. Pinter enthüllt die bloß kompensatorische Funktion von Ruhe, von der Pascal vielleicht noch nichts hat ahnen können. Die Besinnung im Zimmer, so wir sie zustande bringen, ist kaum mehr als eine Vorbereitung auf das oft besinnungslose Leben, um das wir draußen »kämpfen« müssen. Freilich entzündet sich an dem Verb »kämpfen« auch ein Vorbehalt gegen Pinter. Müssen wir wirklich kämpfen? Gibt es nicht weichere Lebenstechniken, zum Beispiel das Ausweichen, das Trödeln, das Durchschlängeln und viele andere mehr, die wir im Alltag alle anwenden? Jetzt sehen wir, daß Sprüche, ob von Pascal oder von Pinter, immer nur eindrucksvoll klingen. Wir lesen sie gerne, aber wir wissen, daß wir sie nicht brauchen können. Über die Exotik unseres wirklichen Lebens gibt es – ebenfalls aus guten Gründen – keine Maximen.

»Das lebhafte Getümmel der Stadt und die großen, steinernen Häuser befremdeten ihn angenehm.«

Das Rätsel dieses Satzes ist schnell benannt: Es ist die Behauptung, Fremdheit sei »angenehm«, auch noch die Fremdheit von »großen, steinernen Häusern« und des »Getümmels« zwischen ihnen. Ein heute schreibender Autor könnte eine solche Behauptung nicht mehr riskieren. Aber es hilft uns auch nicht, wenn wir erfahren, daß der Satz dem Roman *Heinrich von Ofterdingen* des romantischen Dichters Novalis entnommen wurde. Wie es 1802, als der Roman zum ersten Mal erschien, in Westeuropa aussah, können wir authentisch nicht mehr sagen. Gleichwohl waren die Anfänge dessen, was spätere Philosophen den »unerträglich gewordenen Großstadtdruck« (Helmuth Plessner) nannten, schon mit Händen zu greifen. Für Georg Lukács war die Sache klar; er schrieb über Novalis und andere romantische Dichter: »Weil sie den erträumten und selbst erschaffenen Kosmos der wirklichen Welt gleichsetzten, konnten sie nirgends zu einer klaren Scheidung kommen.« Das heißt, Novalis hat, als er die Moderne erblickte, ein bißchen aufgeschönt und geflunkert, »romantisiert«. Peter Szondi hingegen macht die fadenscheinig werdende Lebenswelt selbst verantwortlich: »Die Scheinhaftigkeit der Welt und des eigenen Seins nimmt zu, die Reflexion wird immer leerer.« Wem sollen wir glauben? An dieser Stelle muß daran erinnert werden, daß es nie eine Naturform des Denkens gegeben hat, die uns die Richtigkeit unserer Erkenntnisse hätte verbürgen können. Wir müssen eine Erfahrung für möglich halten, die Widersprüche noch als zusammengehörig wahrnimmt, ehe sie in späterer Zeit auseinander treten und zu festen Urteilen werden, die wir, die nachkommenden Sprecher, dann nicht mehr aufbrechen können. In diesem Sinn erteilen wir Novalis selbst den Zuschlag. Warum soll es nicht eine Zeit und eine Atmosphäre gegeben haben, in der eine angenehme Fremdheit möglich war? Es gilt der Vorrang des Details vor dem Schema, in dem es verschwinden soll – und nicht kann.

»Das Sich-Unterscheiden von anderen muß von diesen anderen anerkannt sein.«

Wenn dieser Satz von Jürgen Habermas wahr ist, dann muß mein Freund S. aufhören, Gedichte zu schreiben, weil schon seine Nachbarin sie nicht versteht. Meine lesbische Kollegin H. muß, weil sie ihresgleichen liebt, der Verurteilung durch ihre Familie zustimmen. Und mein vierzehnjähriger Neffe A. muß seine Kündigung, die sein giftgrünes Haar ausgelöst hat, in Ordnung finden. Das sind nur drei Beispiele aus einer wenig attraktiven Realität, die sich gleichwohl auf den oben zitierten Satz berufen könnten. Ich schlage vor, den Satz ein wenig umzubauen. Vielleicht so: Das Sich-Unterscheiden von anderen geht diese anderen nichts an. Oder, ein wenig moderater: Das Sich-Unterscheiden von anderen ist für diese anderen ohne Belang. Denn im Sich-Unterscheiden liegt eine bedeutsame Quelle von Individuation, die ihr Ziel verfehlt und verfehlen muß, wenn sie den Horizont der anderen nicht überschreiten darf. Es kommt kaum mehr als eine Leideform von Subjektivität dabei heraus, wenn diese sich legitimierend auf die anderen beziehen muß, ehe sie gelten darf. Individualität bleibt in ihren Anfängen stecken, wenn sie von den anderen gebilligt werden muß. Der wichtigere Teil von Subjektivität beginnt, wenn wir anderen nicht mehr in allen Einzelheiten gleichen wollen, mit einem Wort: Er beginnt mit Abweichungen. Erstaunlich ist, daß ein liberaler Denker wie Jürgen Habermas, der Uniformierung politisch nicht will, sie mit diesem Satz (aus seiner Dankrede für den Stuttgarter Hegel-

Preis 1973) dennoch billigt. Jürgen Habermas und Karl-Otto Apel haben immer betont, daß die von ihnen propagierte Diskursethik keine inhaltlichen, sondern nur Verfahrensfragen regelt. Die Diskursethik gibt uns Methoden an die Hand, gesellschaftlich gültige Normen auf ihre Begründbarkeit hin zu prüfen und sie argumentativ zu verwerfen, falls sie nicht »von allen Betroffenen zwanglos akzeptiert werden« können (Habermas). Der Stuttgarter Satz hält diesem zurückhaltenden Programm nicht stand.

»Wenn du lange genug sitzen bleibst und schaust, zwei oder drei Stunden zum Beispiel, dann siehst du den Tod.«

Eine solche Verheißung wird uns nicht alle Tage gemacht: Ein Autor – es ist Claude Simon in seinem frühen Roman *Das Seil* – erklärt uns, wie man den Tod sehen kann. Man braucht nur zwei oder drei Stunden irgendwo zu sitzen und nach da und nach dort zu schauen, und schon ist es soweit. Die Geschwindigkeit macht uns freilich stutzig. Zwei oder drei Stunden genügen? Schließlich hat sich der Tod noch von niemandem blicken lassen. Sind nicht wenigstens zwei oder drei Wochen nötig? Oder Monate? Es genügt, ein wenig mit Tagen, Wochen und Monaten zu spielen, und schon merken wir, das Thema des Satzes ist gar nicht der Tod, sondern die Zeit. Genauer: Das Ungeklärtsein von Zeitvergehen – und unser Leben darin. Insbesondere die Nötigung, über unseren Tod nachzudenken und manchmal sogar über ihn sprechen zu müssen, obgleich wir nichts über ihn wissen. Vielleicht, wer weiß, ist der Tod sogar angenehm, aber das Von-ihm-sprechen-müssen ohne Anschaulichkeit, das Auf-ihn-hinleben ohne Bilder und ohne Text verwandelt sich mehr und mehr in eine Vorstellung der Bedürftigkeit, die dann für den Tod selber steht. Geheimnisvoll ist, daß die vorübergehende Zeit dabei mehr und mehr eine Metapher für den Tod wird, obgleich die Zeit genausowenig anschaulich ist wie der Tod. Das heißt, Claude Simon hat für den Tod das Auffangbild der Zeit gesetzt und für die Zeit das Auffangbild des Todes. Er hat eine leere Größe (Tod) mit einer anderen leeren Größe (Zeit) abgespiegelt und gewann damit ein Bild für beide, das gleichwohl nur ein Trick ist. Allerdings ist ihm dabei ein Drittes gelungen, das seinerseits genauso unanschaulich ist wie Zeit und Tod: Er hat die Übersetzungsarbeit der Metapher selber verbildlicht.

»Ich gehöre diesem Gesindel an.«

Auf diesen Seufzer stoßen wir im ersten der vier *Notizbücher* von Peter Weiss. Der Satz ist, für sich genommen, kaum bemerkenswert ist; es ist »normal«, im Verlauf einer Biographie mal diesem und mal jenem »Gesindel« anzugehören, jedenfalls zeitweise und oft ohne eigenes Verschulden. Bei Peter Weiss liegen die Dinge freilich anders. Nicht nur auf den rund 2000 Seiten seiner Notizbücher, auch im Werk selber und in zahlreichen Interviews hat uns Peter Weiss immer wieder wissen lassen, wen er für das Weltgesindel hielt: Kapitalisten und Imperialisten aller Zeiten und Schattierungen. Und er hat uns ähnlich automatenhaft immer wieder sein Patentrezept verraten, wie man sich davor schützt, selbst Gesindel zu werden, nämlich durch Parteinahme für den in seinen Augen gesindelfreien Realsozialismus. Inmitten dieser dröhnenden Selbstgewißheit taucht dann dieser Befreiungsschlag auf, der durch seine Stellung im Text noch vieldeutiger wird. Denn der Satz läßt offen, auf welche Gruppe, Klasse, Schicht, Rasse oder Nationalität er sich bezieht, konkret: Welches Gesindel Peter Weiss eigentlich meint. Auf den Seiten davor und danach ist die Rede von den »Intellektuellen«, den »Christen«, den »Sozialisten«, den »Emigranten«, den »Nazis«, den »Juden«, den »Optimisten«, den »Soldaten«, den »Feiglingen« und so weiter und so weiter – sie alle können gemeint sein. Und das heißt, wir dürfen uns selbst aussuchen, welchem Gesindel sich Peter Weiss eine Druckzeile lang zuzählte. Für einen Augenblick erleben wir die Offenheit und den Schrecken des frühen Peter Weiss, der noch nicht so genau gewußt hat, wie er seine Verachtung und seine Bewunderung auf die Welt verteilen soll.

»Es gibt nur eine Wahl: die zwischen Gemeinschaft und Untergang, und wir müssen uns entscheiden.«

Dieser Satz kommt direkt aus dem Schwitzkasten doktrinären Denkens. Niemand, vermute ich, könnte leben, wenn wir nur diese Wahl hätten. Rasch müßten wir zuerst verkümmern und dann eingehen, wenn es zwischen den Atmosphären von Gemeinschaft und/oder Untergang nicht noch andere Auswege gäbe. Der Satz macht sich zunächst dadurch verdächtig, weil kein Mensch den Gigantismus seiner Bedeutung überprüfen kann. Wir rücken ihm deswegen mit unserer Alltagspraxis zu Leibe. Denn von dieser wissen wir immerhin, und zwar verbindlich, daß wir noch viele andere Lebensmöglichkeiten haben; zum Beispiel die des Verstecks, der Flucht, des Ausweichens, der Simulation, des Widerstands, des Kampfs. Überraschenderweise stammt der Satz von einem liberalen, weltoffenen Autor, und das Buch, dem er entnommen ist, war einmal ein Kultbuch: Lars Gustafssons Roman *Herr Gustafsson persönlich*. Das schwedische Original erschien 1971, die deutsche Übersetzung ein Jahr später. *Herr Gustafsson persönlich* war damals so etwas wie ein Begleitbuch zum studentischen Aufstand: Für mehr Offenheit, Befreiung, Aufklärung und Aufbruch, und zwar nicht nur weltpolitisch, sondern auch privat. Sonderbar ist, wie ein Buch, das die Wonnen der Veränderung preist, uns zugleich eine neue Enge aufdrängt, die damals, in den Wogen der »Befreiung«, offenbar niemand bemerkt hat. Ich nehme an, Gustafsson würde diesen Satz heute weder schreiben noch unterschreiben. Er würde darin rasch die Mitschrift des unheimlichen Co-Autors ZEITGEIST ausmachen, den Schriftsteller in der Aktualität des Schreibens oft nicht erkennen; in diesem Fall den damals äußerst beliebten Zeitgeist des finalistischen Denkens, der Entweder-Oder-Gebärde, der apokalyptischen Endzeitbehauptung.

»Oh, wir wissen es nicht!«

Dieser kecke Ausruf ist keinem französischen Konversationsroman entnommen. Auch nicht einer Plauderei von Katherine Mansfield oder einem der umfangreichen, über viele Seiten hin nur vom Parlando der Protagonisten zusammengehaltenen Romane von Henry James. Sondern – jawohl – einem wissenschaftlichen Essay, obendrein einem der bedeutendsten, die je geschrieben wurden. Die Rede ist von der Arbeit *Das Unbehagen in der Kultur* von Sigmund Freud aus dem Jahre 1930. Bis auf den heutigen Tag werden Freud die Apodiktizität seines Stils und die Unhaltbarkeit mancher seiner Thesen angerechnet, und zwar im Ton vorwurfsvoller Zurechtweisung. Wer je Texte von Freud gelesen hat, wird sich über diese Vorwürfe wundern müssen. Denn Freud war (und ist) ein Kulturtheoretiker, der vom schwankenden Grund vieler seiner Annahmen nicht nur gewußt hat, sondern – und das macht ihn unvergleichlich – dieses Schwanken im Text auch eingestand. Und zwar, wenn man so sagen darf, durchaus charmant, im Stil eines Grandseigneurs, der zu einem Fehltritt gleich die Entschuldigung mitliefert – und mit dieser Entschuldigung erneut für sich einnimmt. Der, wie ich finde, schönsten aller seiner Entschuldigungen ist ein »Oh« vorangestellt, das sein, Freuds Nichtwissen mit einer gewissen Heiterkeit aussöhnt. Das »Oh« teilt nicht nur mit, daß uns fehlendes Wissen nicht am Weiterforschen hindern darf; sondern es steckt auch die Beschwichtigung darin, daß uns die Ahnungslosigkeit in manchen Fragen nicht niedergeschlagen machen muß. Für den Fall, daß wir das merkwürdige Nebeneinander von Versagen und Genugtuung nicht sofort begreifen, hält Freud übrigens (im gleichen Essay!) ein weiteres Pardon bereit, das so lautet: »Diese Dinge sollte man endlich einmal verstehen können, man kann es noch nicht.«

»Unbeargwöhnt und todbringend wie die Pest schritt er durch das Menschengewühl der Straße.«

Wie oft bin ich ein wenig betrübt, wenn ein Roman, der mir während der Lektüre bedeutsam geworden ist, unwiderruflich seinem Ende entgegengeht! Zum einen bedaure ich es, mich vom Bann eines Textes trennen zu müssen, zum anderen ist es schade, daß ich nichts mehr über das Fortleben von Herrn x oder Frau y erfahre. Ein wenig Trost, manchmal sogar Entschädigung, bietet in dieser Lage der letzte Satz des Romans – wenn er gut ist. Schon oft haben wir gehört, daß der erste Satz wie in einer Nußschale alles enthält, was sich dann entfaltet. Das ist sicher richtig, aber in vieler Hinsicht zentraler ist der letzte Satz. Als Beispiel dient mir der letzte Satz von Joseph Conrads Roman *Der Geheimagent*. Seine Kraft liegt darin, daß mit diesem Satz der Roman noch einmal von vorne losgehen könnte. Es ist die Kombination von »unbeargwöhnt« und »todbringend«, von der eine starke Wirkung ausgeht, und zwar über das Ende des Romans hinaus. Sie setzt uns instand, das Leben dieses Fußgängers (und mehr ist der Geheimagent am Ende nicht!) auf eigene Faust fortzuspinnen. Und nach einigem Herumphantasieren merken wir, wie merkwürdig es ist, daß ein guter Roman überhaupt je aufhört. Wenn wir erst einmal in die Kunstwelt eines Autors eingedrungen sind, empfinden wir die Portionierung seines Werks in einzelne Bücher als zufällig und künstlich. Diese Einsicht nähert uns dem zweiten Geheimnis eines guten letzten Satzes; es besteht darin, daß mit ihm nicht nur der Roman, den wir gerade zu Ende gelesen haben, noch einmal von vorne anfangen könnte, sondern eine unbekannte Anzahl ganz anderer, neuer Romane, die wir selber mit uns herumtragen oder deren Darsteller wir selber sind. Mindestens vorübergehend, wenn wir der Romanhaftigkeit des Lebens selber inne werden, in finster schönen Augenblicken, wenn wir wie der Geheimagent unseres eigenen Wünschens durch dieses oder jenes Menschengewühl gehen.

»Auf der untersten Stufe, wo der Mensch sich anfängt ...«

Dieser Satzanfang ist fast zweihundert Jahre alt und doch ganz modern. Sein Alter erkennen wir an seiner heute unüblichen Grammatik, genauer: am nachgestellten »sich«, das im 17. und 18. Jahrhundert gebräuchlich war. Seine Modernität ist vermutlich ein Zufallstreffer, vielleicht war sie aber auch intendiert – so genau weiß das niemand. Denn der Verfasser des Satzanfangs ist Jean Paul, ein weit vorausschauender Autor, der erstaunlich frühzeitig gewußt hat, was der Mensch zum Leben braucht: Freiheit, Phantasie, Innigkeit und Abwechslung. Deswegen wußte er auch, daß Individualität nichts Gegebenes, nichts später Geschenktes und schon gar nichts Eingeborenes ist, sondern eine Tätigkeit, die jeder einzelne mit sich selber zu leisten hat. Aus diesem Grund ist die Formulierung »wo der Mensch sich anfängt« so außerordentlich präzise und gleichzeitig vollkommen nüchtern: Niemand »fängt uns an«, wenn wir es nicht selber tun. Nach Meinung des französischen Soziologen Émile Durkheim sind wir nur dann eine Person, wenn wir eine »autonome Quelle des Handelns« sind: »Der Mensch erwirbt diese Eigenschaft nur in dem Maß, in dem er etwas in sich hat, das ihm und nur ihm allein gehört und das ihn individualisiert.« Zeitgenössische Soziologen, zum Beispiel Elisabeth Beck-Gernsheim und Ulrich Beck, sehen im »persönlichen Lebenslauf« denn auch eines der wenigen, vielleicht sogar das einzig noch verbliebene Experimentierfeld für Autonomie. Und zwar gerade deswegen, weil in unseren modernen, auf Zwang, Mimikry und Standardisierung fixierten Gesellschaften eine eigene Biographie etwas Exotisches geworden ist und gegen diese durchgesetzt werden muß. Und zwar oft dort, wo es am schwersten ist, »auf der untersten Stufe«.

»Wahr ist das Meer, wahr sind die Berge, die Felsen, wahr ist ein Grashalm.«

Seit ich diesen Satz von Luigi Pirandello (aus seinem Roman *Mattia Pascal*) kenne, überlege ich immer mal wieder, warum er schön und wohl auch ein bißchen großartig ist. Die Antwort ist schwierig, weil es Gründe gibt, den Satz auch als falsch und unsinnig abzutun. Denn ein Meer kann tief oder weit sein, außerdem blau, bewegt und noch einiges mehr – aber doch nicht wahr. Berge können hoch sein, schroff oder unzugänglich, Felsen glatt oder rauh, grau oder hart, wahr aber nicht. Und wer außer einem haltlosen Schriftsteller kann einem Grashalm andichten, daß er wahr ist, wo er doch allenfalls dünn, unscheinbar, zitternd oder welk ist. Es ist offenkundig, daß Beckmessereien dieser Art dem Satz nicht näher kommen, obwohl die Vorhaltungen sozusagen nicht umsonst sind, weil sie auf eine andere Spur führen. Nämlich zum sogenannten Nominalismus, der davon ausgeht, daß alle Worte nichts als Namen sind, die als Zeichen für die Dinge und deren Eigenschaften stehen, aber außerhalb unseres Denkens nichts objektiv Wirkliches bezeichnen, also für die Dinge selber belanglos sind. Läßt man sich von dieser Idee leiten, kann man den Satz von Pirandello so umschreiben: Wahr ist, daß wir das Meer Meer nennen, die Berge Berge, die Felsen Felsen und einen Grashalm einen Grashalm. Jetzt merken wir, daß der Grund für die Wirkung des Satzes in seiner pompösen Schlichtheit liegt. Er befreit uns momentweise davon, sprachliche Urteile zu fällen und Propositionen über die Dinge zu erfinden. Der

Satz ist großartig, weil er leer und nichtssagend ist. Er erlaubt uns, für ein paar Augenblicke der Irrtumsverfallenheit allen Sprechens und Denkens zu entkommen.

»Und was soll ich anfangen, um meinen Unsinn los zu werden?«

Wie gerne würde ich mitteilen, ich hätte diesen erstaunlichen Satz in einem heute geschriebenen Text gefunden! Wie schön wäre es, ich könnte über einen lebenden Autor melden, er (oder sie) habe seine (oder ihre) Obsessionen und Narrheiten souverän als Unsinn abgetan! Das Gegenteil sind wir gewohnt. Rastlos wie Gemütsindianer beobachten unsere Autoren die Verlaufskurven ihrer Empfindungen, um am Ende der Observation wieder ein paar neue Brosamen angeblich unverwechselbarer Identität zu präsentieren. Natürlich weiß ich nicht, woher unsere Autoren den Mut nehmen sollen, auf die Wichtigtuereien ihrer Innenwelt zu pfeifen, wenigstens dann und wann. Vielleicht sollten sie weniger aktuelle und mehr alte Literatur lesen, um auf neue Ideen zu kommen, vielleicht mal Annette von Droste-Hülshoff? Sie nämlich ist die Verfasserin des couragierten Satzes; die Verwunderung darüber wird noch respektvoller, wenn wir erfahren, daß die westfälische Dichterin erst zwanzig Jahre alt war, als sie – in einem Brief aus dem Jahre 1819 – die kühle Distanz zu sich selber formulierte. Ich will nicht mißverstanden werden; ich weiß, wir Heutigen haben es nicht ganz und immer weniger in der Hand, welche Ticks und Marotten wir als unsere Besonderheiten ausgeben müssen. Große anonyme Mächte zeichnen den meisten von uns komplette Biographien vor, die wir dann auch noch als selbst entworfen erleben sollen. Anonyme Mächte, sogar fürchterlichere als unsere heutigen, hat es allerdings auch schon zu Lebzeiten der Droste-Hülshoff gegeben. Die Differenz, die zwischen ihrer Gelassenheit und unseren Aufregungen dennoch besteht, ist eine des Denkens: Die Droste-Hülshoff hatte Bewußtsein davon, daß sie oft nur aufgeblähtem Unsinn erlag. Auf diese verrückte Weise kann uns ein vergangener Seufzer weit voraus sein.

»Kätzchen, mein Meerrettich geht unter.«

Ohne Zögern dürfen wir gestehen, daß wir in diesen Satz von Ilse Aichinger nicht eindringen können. Seine Konstruktion unterläuft die Regeln, nach denen wir Sätze einer Sprache verstehen können, an zwei Punkten: Einmal mit der Behauptung, daß Meerrettich »untergehen« könne, zweitens mit der Idee, daß dieser Vorgang für eine Katze von Belang sei. Was tun? Der Satz steht in den tagebuchartigen Aufzeichnungen *Kleist, Moos, Fasane* (1987), und zwar inselhaft isoliert, ohne Umfeld, auf das er sich beziehen könnte. Die Schleiermachersche Grundregel, wonach wir für eine Auslegung auch andere Sätze des gleichen Verfassers heranziehen dürfen, hilft uns hier nicht weiter. Will der Satz, daß wir schweigen? Das wollen wir auch nicht annehmen, weil wir denken, daß sich jeder Satz, auch dieser, gegen ein anderes, schon vorhandenes Schweigen richtet. Wir müßten herausfinden, welches Schweigen es ist, gegen das der Satz anspricht. Ich behaupte (und bringe nun selbst einen fast unverständlichen Satz hervor), es ist das Schweigen unseres Sprechens. Wir müssen uns nur einen Augenblick erinnern, daß unser landläufiges Verstehen eine Konstruktion und diese Konstruktion eine Erfindung ist, die uns vor der Einsamkeit bewahren soll und auch bewahrt. Jeder Satz, den wir sagen oder schreiben, ist der Unermeßlichkeit dessen abgetrotzt, was in uns selbst vielleicht vorhanden, aber nicht ausgedrückt ist. Wir haben uns nur daran gewöhnt, über das Meer des Unausgesprochenen in uns (also: des je eigenen Schweigens) täglich hinwegzureden und deswegen auch noch zu glauben, wir hätten die Stummheit schon in ein Sprechen verwandelt. Jetzt, denke ich, hat der Satz von Ilse Aichinger schon beträchtlich an Fremdheit verloren. Wir verstehen ihn zwar immer noch nicht; aber immerhin hat sich unser Erstaunen gelegt, weil wir die Herkunft des Satzes rekonstruieren können: Er ist ein Bruchstück aus einem inneren Sprachozean, das überraschend an der Oberfläche des Sprechens aufgetaucht ist.

»Dieses im besorgenden Umgang umsichtig vorweg im Blick gehaltene Wohin des möglichen zeughaften Hingehörens nennen wir die Gegend.«

Ich kenne Leser, die Martin Heideggers 1926 zuerst erschienenes Hauptwerk *Sein und Zeit*, dessen § 22 unser heutiger Satz entnommen ist, auch für ein komisches Buch halten. Der Lachreiz entzündet sich an der Fallhöhe zwischen der aufgeblähten Umständlichkeit vieler Sätze einerseits und ihrem oft unscheinbaren Gehalt andererseits. Nun gibt es kaum ein bedeutsames philosophisches Werk, das von sprachlicher Zwanghaftigkeit ganz frei ist. Diese Spur von Unfreiheit ist es, die Theorie selber verdächtig macht. In Heideggers Fall ist der Wortkult insofern pikant, weil derselbe Autor rund 25 Jahre nach *Sein und Zeit* – in seinem Vortrag *... dichterisch wohnet der Mensch ...* (1952) – erstmals eine Behauptung aussprach, die es seither, besonders bei Dichtern, zu einer gewissen Beliebtheit gebracht hat. Danach sind es nicht Menschen, die sprechen, sondern: »Denn eigentlich spricht die Sprache. Der Mensch spricht erst und nur, insofern er der Sprache entspricht, indem er auf ihren Zuspruch hört.« Tatsächlich jedoch sind die Beziehungen zwischen Sachen und Wörtern vollkommen ungeklärt und vermutlich unklärbar. Nur deshalb gibt es eine Offenheit für zahllose Behauptungen über sie. Heidegger hat seine These, etwa am Beispiel von Hölderlin- und Trakl-Gedichten, eindrucksvoll demonstriert. Hätte er sie an Sätzen seines eigenen Frühwerks ausweisen müssen, wäre er vermutlich gescheitert. Die Behauptung, er habe *Sein und Zeit* einem ominösen Wesen Sprache abgelauscht, hätte das gleiche Lächeln hervorgerufen, das die heutige Lektüre vieler seiner Sätze zurückläßt. Möglicherweise spricht die Sprache tatsächlich (niemand weiß es genau) – aber nur der Mensch schreibt. Als Urheber jedes niedergeschriebenen Satzes kommt ausschließlich das Ausdrucksverlangen eines menschlichen Subjekts in Frage. Das bedeutet immerhin, daß Heideggers These vom Sprechen der Sprache nur sehr eingeschränkt gilt – und damit überhaupt nicht. Nur die schöne Rede der Dichtung erlaubt der Philosophie, selber dichtungsähnlich zu werden. Dies schränkt die Universalisierbarkeit von Heideggers These empfindlich ein und reduziert sie auf die bloß perspektivische Wahrheit aller Literatur.

»Wie erträglich das alles ist, mein Gott.«

Dieser fast bodenlose Satz von Samuel Beckett (aus seinem Roman *Malone stirbt*) ist einerseits ein Paradebeispiel für »uneigentliches«, also ironisches Sprechen: Der Autor meint das genaue Gegenteil dessen, was er ausdrückt und was er, aus welchen Gründen auch immer, so direkt nicht sagen will – und was durch die Umkehrung ein Witz über alle Realität wird. Aber der Satz ist, zweitens, weit mehr als nur ein Fall von Ironie. Es schwingt in ihm ein Erstaunen über das unhaltbare Leben vieler Menschen mit, dessen Unmöglichkeit zwar empfunden, aber duldsam hingenommen wird. An den mal verdrossenen, mal trotzigen Zügen vieler Frauen und Männer kann man leicht sehen, wie sehr sie ihr nicht wunschgemäß verlaufendes Leben bedauern, dieses freundliche Unbehagen, das nie elend wird, sondern immer nur beinahe elend, manchmal fast schön elend, so daß es immer hoffnungsvoll erscheint, auf irgendeine Wende zu warten. Wie erträglich das alles ist, mein Gott! Aber es gibt noch eine dritte Schicht der Wahrnehmung, in die der Satz vorstößt. Es ist der Ausdruck der Verwunderung darüber, daß sich überall dort, wo wir hingehen, genau die Menschen befinden, die dort auch hinpassen. Gehen wir etwa auf die Post, dann treffen wir auf ansehnliche, sozusagen klassische Postbeamte, wie man sie nur in Postämtern sehen kann. Besuchen wir hingegen eine Bibliothek, so entdecken wir den Typus des oft etwas linkischen, introvertierten, unscheinbaren Lesers, wie er so präzis nur in

Bibliotheken erwartet werden kann. So könnten wir fortfahren, Beispiele für das verblüffend stimmige Passungsverhältnis von Menschen und Orten zu finden – und stießen dabei stets auf die gleiche, eigentümliche Selbstbeschwichtigung von Realität, deren oberstes Ziel es ist, keine Unruhe hervorzubringen. Kurz: Erträglich zu sein. Jetzt, denke ich, sind wir in die enorme Weite des Beckettschen Schreibens eingedrungen.

II

Dubliner Ausflüge

Über James Joyce

Ich will fortgehen.
Weil ich noch immer nicht weiß,
was das ist: Fortgehen.
Johannes Bobrowski

I.

Wie soll ich die beiden Männer beschreiben, die neben mir an der Theke stehen und reden? Sie trinken aus großen Gläsern dunkles Bier, deswegen könnte ich sie *Trinker* nennen. Sie tragen verbrauchte, eigentümlich abgründige Kittel, Hosen und Mützen; deswegen bietet sich auch das Wort *Gestalten* für sie an. Sie reden viel, allerdings nicht zusammenhängend, sondern sprunghaft und kryptisch; deswegen ist auch das Wort *Schwadroneure* passend. Aber wovon reden sie denn? Sie sprechen, soviel wird klar, über Abwesende und Tote, die sie einmal gekannt haben, früher. Damit haben sie teil an der großen irischen Legende, die in den rund 700 Dubliner Kneipen Abend für Abend ein Stück weitererzählt wird und niemals zu einem Ende kommt. Es gibt für Iren zwei mögliche Lebensformen. Die erste ist: im Land bleiben und vom Weggehen sprechen. Die zweite ist: das Land tatsächlich verlassen und in der Fremde von der Heimat erzählen. Es gibt noch eine dritte Form, das problematische Mittelstück zwischen den beiden anderen. Sie ist schwierig und schmerzreich und deswegen teilweise tabuisiert. Sie kann vielleicht nur in Form eines Gebots ausgedrückt werden: Wer weggeht, muß das Verschwinden auch beherrschen; denn man darf beim Fortgehen nicht scheitern. Sonst droht eine unfreiwillige Rückkehr und mit ihr das Gespött der anderen, die schon immer gewußt haben, daß das Zuhausebleiben das Beste ist.

Wer die dritte Möglichkeit, das Scheitern, ganz ausschließen will, braucht einen starken Entschluß, einen ebenso starken Willen und ein Leben lang Kraft. Am 29. August 1904 schrieb der damals 22jährige James Joyce an seine Freundin Nora, die er zu diesem Zeitpunkt erst seit zwei Monaten kannte, den folgenreichen Satz: »Mein Denken lehnt die ganze gegenwärtige soziale Ordnung und das Christentum ab – das Elternhaus, die anerkannten Tugenden, Klassenunterschiede und religiöse Doktrinen.«

Einen Monat später, am 8. Oktober 1904, bestieg Joyce mit Nora am North Wall von Dublin ein Schiff und kehrte seiner Heimat den Rücken, für immer. Als er weg war, hörte er nicht auf, Irland zu schmähen. Dublin bleibt für ihn eine »widerwärtige Stadt«, eine »Stadt des Versagens, der Ranküne und der Unglückseligkeit«; ihre Bewohner findet er »ganz abscheulich«, »er haßt und verachtet« sie. Sogar in der ausländischen Öffentlichkeit kann er sich nicht zurückhalten. In einem Vortrag, den er 1907 auf italienisch an der Università Popolare in Triest hält, nennt er Irland »rückständig und inferior«, ein Land, das »Gott zur immerwährenden Karikatur der ernstzunehmenden Welt bestimmt hat«. Die vermutlich fürchterlichste Schmähung hat uns sein Bruder Stanislaus überliefert. Danach nannte Joyce, angeekelt von der fortdauernden Niedertracht des familiären Lebens, ganz Irland »eine alte Sau, die ihre eigenen Ferkel verschlingt«. Diese Äußerung ist doppelt verbürgt; denn sie kehrt fast wörtlich wieder im *Porträt des Künstlers als junger Mann*. Dort heißt es »Weißt du, was Irland ist? fragte Stephen mit kalter Heftigkeit. Irland ist eine alte Sau, die ihre eigenen Ferkel frißt.«

Dennoch ist es falsch, aus Joyce einen Irlandverächter zu machen, obgleich Belege für diese Auslegung reichlich vorhanden sind. Aber es gibt auch Hinweise, die uns vorsichtig sein lassen. Bleiben wir ein paar Augenblicke bei den Familienverhältnissen, in denen Joyce mit seinen vierzehn Geschwistern (fünf von ihnen starben im frühen Kindesalter) aufwuchs. Der Vater, ein überforderter Alkoholiker, würgte die Ehefrau und schlug die Kinder. Für Stanislaus Joyce war der Vater immer nur ein »Hanswurst« oder eine »Ratte«. Und obgleich der Vater die Familie fortwährend in die peinlichsten Situationen trieb (die Joyces wechselten in elf Jahren neunmal die Wohnung, und zwar meistens fluchtartig, weil sie nur so der Wut der um ihre Mieteinnahmen geprellten Hausbesitzer entgehen konnten), verteidigte der erst 21jährige Joyce den Vater mit dem erstaunlichen Satz: »Trotzdem hat in meinen Augen einer, der eine Familie großgezogen hat, niemals ganz versagt.« Und es gab Augenblicke, in denen Joyce das von ihm verachtete Dublin gleichzeitig »eine europäische Hauptstadt« nannte, ja sogar eine »seit zweitausend Jahren bedeutende Stadt«, die ihm, Joyce, durch alle Widrigkeiten hindurch eine persönliche Botschaft zugeflüstert haben muß. Nämlich diese hier: »Ich glaube, bisher hat noch kein Schriftsteller Dublin der Welt dargestellt.«

II.

Diese Bemerkung – sie steht in einem Brief des 23jährigen Joyce an seinen Verleger Grant Richards – ist deswegen so aufschlußreich, weil sie ein Licht auf die Lebenstechnik ihres Verfassers wirft. Joyce ist in der Lage, inmitten düsterer Bedingungen die Spur eines privaten Sinns zu finden und sich mit diesem Sinn über den Fundamentalismus des Banalen zu erheben. Wie wir sehen werden, ist auch Joyces literarische Arbeit von dieser Technik beherrscht. Es liegt ihr eine Selektion zugrunde. Joyce verwirft zwar mit Vehemenz die ihn bedrückende normative Welt, aber er verwirft sie nicht ganz und gar; einen kleinen Teil zweigt er für seinen persönlichen Gebrauch ab und verwandelt ihn in ein privates Sinnstück. Es gibt für diese Kulturtechnik eine knappe Umschreibung, die ich im Werk des Soziologen Max Weber gefunden habe. Sie lautet: »Kultur ist ein vom Standpunkt des Menschen aus mit Sinn und Bedeutung bedachter endlicher Ausschnitt aus der sinnlosen Unendlichkeit des Weltgeschehens.« Genauso ist Joyce verfahren: Er entnahm der »sinnlosen Unendlichkeit« (der Heimat, der Herkunft, der Familie, der politischen Verhältnisse etc.) einen kleinen (»endlichen«) Ausschnitt und füllte ihn privat mit »Sinn und Bedeutung«.

Als Beispiel für dieses Verfahren nenne ich Joyces vielleicht wichtigsten poetologischen Beitrag, die Epiphanie.

Sie ist ein winziges Bruchstück (der »kleine endliche Ausschnitt«) aus einem riesigen, von ihm verworfenen Angebot, nämlich der Religiosität im allgemeinen und der Theologie im besonderen. Epiphanias war bei den Griechen die Erscheinung eines Gottes, bei den Römern der Besuch des Kaisers in abgelegenen Provinzen des Reiches, wo er an verdiente Bürger Gnadenerweise und Privilegien austeilte. Es bedurfte der jahrtausendelangen Geschichte der Christianisierung, bis sich aus diesen Urbedeutungen allmählich die Idee der Anschaulichkeit der göttlichen Herrlichkeit Christi auf Erden herausgebildet hatte. Heute steht Epiphanias allgemein für die Anwesenheit des Göttlichen in nichtgöttlichen Dingen. Joyce war mit dieser

Überlieferung natürlich vertraut. Aber er war nicht empfänglich für das, was ihn seine jesuitischen Erzieher im Belvedere College über Epiphanien gelehrt hatten. Denn der ausschließlich theologischen Auslegung entgeht die poetologische Variante, auf die es dem ungläubigen Joyce allein ankam. Joyce erkannte in den Epiphanien den poetischen Mehrwert, nämlich das Moment der schockhaften Erleuchtung im Alltag, den Augenblick einer Eingebung, die ihren Empfänger mit einer plötzlichen Erfahrung oder Erkenntnis bereichert. Dieser Aspekt allein interessiert ihn.

III.

Wir wollen uns anschauen, wie Joyce das Moment der Epiphanie in seine literarische Arbeit einfließen ließ. Dazu nehmen wir einen Text aus dem Band *Dubliner*, und zwar die Erzählung *Eine kleine Wolke*, die sich für unsere Zwecke deswegen eignet, weil sich die Einzelheiten des Textes bis auf den heutigen Tag auf die Einzelheiten der Dubliner Wirklichkeit beziehen lassen. Wir gehen, wie der Protagonist aus der *Kleinen Wolke*, die Capel Street entlang in Richtung Grattan Bridge. Der Held der *Kleinen Wolke* ist ein junger, unbekannter Dichter, der mit Bewunderung und ein bißchen Neid an seinen Freund Gallaher denkt, der es in London schon zum Redakteur gebracht hat. Der Erzähler hingegen ist immer noch in Dublin und wird von »sanften Melancholien« umhergetrieben. Er fühlt sich den Leuten, an denen er vorübergeht, »zum ersten Mal in seinem Leben überlegen«. Und außerdem: »Zum ersten Mal rebellierte seine Seele gegen die öde Uneleganz der Capel Street.« Bevor der Dichter seine entscheidende Erfahrung macht, muß die Heimatstadt – das kennen wir schon – wieder die fällige Schmähung hinnehmen: »Es gab keinen Zweifel:

wenn man Erfolg haben wollte, mußte man fortgehen. In Dublin konnte man nichts werden.« Danach betritt der Dichter die Grattan Bridge und – jetzt kommt's: »... blickte flußabwärts zu den unteren Quays und bedauerte die armen verkümmerten Häuser. Sie kamen ihm vor wie eine Bande von Vagabunden, zusammengekauert am Flußufer entlang, die alten Mäntel mit Staub und Ruß bedeckt, betäubt von dem Panorama des Sonnenuntergangs und in Erwartung der ersten Nachtkühle, die sie aufstehen, sich schütteln und weiterziehen heißen würde.«

Unmittelbar darauf folgt die Überlegung, ob der Dichter das Arrangement der Bilder, das er soeben gesehen und (für sich) ausgedrückt hat, auf irgendeine Weise wird verwenden können: »Er fragte sich, ob er ein Gedicht schreiben könnte, das diese Idee ausdrückte.« Welche Idee bitte? Bis jetzt hat der Dichter nur Eindrücke aneinandergereiht, und er hat es bemerkt: »Er war nicht sicher, welche Idee er auszudrücken wünschte, doch der Gedanke, daß ein *poetischer Augenblick* ihn gestreift hatte, erwachte in ihm zum Leben wie eine aufkeimende Hoffnung. Tapfer schritt er voran.«

In Wahrheit ist die stoffliche Grundlage der »Idee«, die der Erzähler erst noch ausdrücken will, im Text bereits fixiert. Die poetische Arbeit des Dichters auf der Grattan Bridge besteht aus zwei Teilen. Der erste, unwichtigere, weil bloß metaphorische Teil hat aus den Häusern menschliche Wesen gemacht, nämlich »Vagabunden«. Der zweite, bedeutsame Teil ist die Vorstellung, die »Nachtkühle« heiße die »armen verkümmerten Häuser« entlang der Liffey »aufstehen, sich schütteln und weiterziehen«. Diese unwirkliche, nur mit dichterischen Mitteln erreichbare Verwandlung von realer Welt in Traummaterial ist der eigentliche Ertrag des »poetischen Augenblicks«, von dem der Erzähler spricht. Es ist Joyces Understatement, daß er die Arbeit des Dichters, die *Verknüpfung* toter Dinge (der Häuser) mit einer menschlichen Intention (die Häuser mögen sich schütteln und weiterziehen) nicht ausdrücklich thematisiert. Diese Arbeit ist Ausdruck eines naturhaften Geschehens, wenn wir so wollen: Sie ist das Geheimnis des Dichters. So kommt Joyce zu dem frappierenden Ergebnis, daß er den poetischen Akt, die Zusammenziehung äußerlicher Bilder (die Synthesis) unter Anleitung einer Idee sowohl im Text abbildet als auch zugleich über diesen Akt hinweggeht. Das heißt, Joyce leistet ein Doppeltes: Er liefert ein praktisches Beispiel für das Geheimnis dichterischer Arbeit und gibt dieses Geheimnis dennoch nicht preis.

Wir wollen aber nicht vergessen, was von dem »poetischen Augenblick« außerdem noch gesagt wird. Nämlich dieses hier: »... der Gedanke, daß ein poetischer Augenblick ihn gestreift hatte, erwachte in ihm zum Leben wie eine aufkeimende Hoffnung. Tapfer schritt er voran.« Mit diesen Sätzen fügt der Protagonist den *Gewinn* seiner dichterischen Anwandlung seiner Alltagswelt ein, und zwar als »Hoffnung«. Auf diese Weise wird das gespenstisch Unwirkliche des poetischen Augenblicks ein ganz und gar materialistischer Moment in dem auf Glück und Zuversicht angewiesenen Leben des jungen Dichters. Und damit sind wir wieder bei der kleinen Kulturtheorie Max Webers angelangt. Jenseits seiner literaturspezifischen Verwendbarkeit als Rohstoff ist der poetische Augenblick nichts weiter als jener kleine (»endliche«) Ausschnitt, der den Dichter vor der »sinnlosen Unendlichkeit des Weltgeschehens« (Weber) bewahrt.

IV.

Auf der O'Connell Bridge begegnen mir die beiden Männer, mit denen ich vor Tagen an einer Theke geredet und getrunken habe. Es ist Spätnachmittag, wahrscheinlich kommen die beiden von der Arbeit. Sie bleiben kurz stehen und begrüßen mich, aber ich merke, sie sind müde und nicht zu Gesprächen aufgelegt. An schönen Tagen, sagt der eine, kann man von hier aus das Meer sehen. Ich will danken für den Tip, aber da gehen die zwei schon weiter. Heute ist nicht viel zu sehen. Nebelschwaden ziehen über die Liffey, außerdem beginnt es in Kürze zu dunkeln. Eine halbe Stunde später wird aus dem Tip eine Idee: Ich könnte – vielleicht eine Woche lang – jeden Tag hier vorbeikommen und dann plötzlich das Meer in der Ferne glitzern sehen. Daraus könnte ein Brückentagebuch werden, das allmählich in ein Journal der unverhofften Bilder übergeht. Schon am folgenden Tag bin ich wieder hier, aber auch diesmal erlaubt die Witterung keine weiten Blicke. Am dritten Tag, frühmorgens, ist wenigstens der Himmel klar und hell. Heute, denke ich, beginnt mein Brückentagebuch. Auf der O'Connell Bridge bin ich enttäuscht. Ich schaue in Richtung Osten, zum Meer hin, aber alles, was ich sehe, ist nur die nächste Brücke, die Butt Bridge. Bin ich angeflunkert worden? Ich verlasse die O'Connell Bridge und gehe rechts den Burgh Quay entlang, bis ich die Butt Bridge erreiche. Auch hier ist das Meer nicht zu sehen, auch nicht bei allerklarstem Wetter. Dazu müßte die Liffey schnurgerade sein, und das ist sie nicht. Übrigens ist der Blick landeinwärts, in den Westen, genauso anziehend wie der Blick in den Osten. Beides, Nähe und Ferne, Heimat und Fremde, erscheint als zusammengehörige Lockung. Und es gehört zu jeder Lockung, daß wir nie genau erfahren können, *was* uns lockt. Obwohl ich mehr und mehr zweifle, ob ich auf diesen Wegen je das Meer sehen werde, lockt mich doch schon die nächste Brücke, die Talbott Memorial Bridge. Oder ist es der Lärm der Vögel? An jedem Punkt der Stadt kann man plötzlich Möwen schreien hören. Bis zum George's Quay kann man bequem gehen, dann werden die Wege ungemütlich. Oberhalb der Butt Bridge, in Höhe der Connolly Station, spannt sich eine weitere, eine Eisenbahnbrücke, auf der die Züge nach Blackrock, Wicklow und Cork fahren. Östlich des Custom House beginnt die eigentliche Hafen- und Industrieregion. Jetzt schieben sich mehr und mehr Kräne und Silos ins Bild. Die Fußwege enden im Dickicht von Schrotthalden, Reifenlagern und Abfallhaufen. In den kleinen, zugenagelten Häuschen haben vor einem halben Jahrhundert Arbeiterfamilien gelebt. An den Quays entlang liegen noch immer armdicke Eisenhaken, an denen früher die Schiffe vertäut wurden. Hier, in Höhe des Rogerson's Quay, wird wenigstens ein Sattelschlepper entladen. Es ist wahr, was man überall hört: Die große Zeit des Dubliner Hafens ist vorbei. Ein Blick auf die Laufschienen der Verladekräne zeigt alles, was man wissen muß: Sie sind mit Gras überwachsen. Hier ereignet sich nichts mehr. Die oberen Enden einiger Müllsäcke flattern im Wind, das ist alles. Und doch habe ich, kurz nach dem riesigen Gas-Behälter rechts, zum ersten Mal den Geruch des Meeres in der Nase. Und plötzlich geht mir auf, daß die beiden Männer von der O'Connell Bridge nur etwas getan haben, was sonst nur Dichter tun: Sie haben eine unsichere Legende in die Welt gesetzt, von der eine Erwartung ausgeht. Es ist die Entzündbarkeit durch die Weite, die Erregung einer anderen Welt. Genau gegenüber liegt der heute verlassene North Wall Quay, wo die meisten Iren ihr Land verließen. Hier bestieg James Joyce am 8. November 1904 mit seiner Geliebten Nora Barnacle ein Schiff, das die beiden zunächst nach England brachte. Von dort aus fuhren sie über Paris und Zürich nach Triest, wo eine »jahrelange Plackerei« auf sie wartete: »Ich hatte kaum etwas zu essen, gab jeden Tag bis spätabends Unterricht und konnte mir in neun Jahren nur einen einzigen Anzug kaufen.« So Joyce am 27. Juni 1924 an Harriet Shaw Weaver.

V.

Schräg gegenüber in der Great Denmark Street befindet sich das *Simply Red Café*. Es ist ein kleiner Raum mit nur wenigen Tischen. Zwei einfache Frauen geben einfache Speisen an einfache Leute aus. Von hier aus habe ich das Belvedere House gut im Blick, das College der Jesuiten, dessen berühmtester Schüler Joyce war. Er trat am 6. April 1893, im Alter von zwölf Jahren, in das College ein. Sein Biograph Richard Ellmann schreibt über den Komplex: »Belvedere College war im Jahre 1775 für George Rochfort, den zweiten Earl of Belvedere, erbaut worden und ist eines der schönsten Bauwerke Dublins aus dem 18. Jahrhundert. Seine wichtigsten Säle waren von Michael Stapleton mit Wandbildern geschmückt und nach Venus, Diana und Apollo benannt worden, Gottheiten, die nun zwar verdrängt, aber (mit Ausnahme der Venus) nicht übermalt wurden, als die Jesuiten das Haus 1841 kauften. Dazu kam 1884 noch das benachbarte Haus Lord Fingales.« Ich möchte das College besichtigen, aber ich möchte nicht offiziell um Erlaubnis bitten, weil ich keine genehmigte Führung absolvieren und keine auswendig gelernten Erläuterungen hören will. Das *Simply Red Café* wird von heutigen Zöglingen des Belvedere nicht aufgesucht. Hier sitzen Handwerker, Händler, Verkäuferinnen, Lkw-Fahrer. Zum wiederholten Mal beobachte ich, daß sich das große eiserne Tor zwischen den beiden Hauptgebäuden täglich um die Mittagszeit automatisch öffnet und etwa eine Dreiviertelstunde geöffnet bleibt. Schüler kommen und gehen, eine Art Schichtwechsel. Wenig später mische ich mich unter die Jugendlichen. Ich gehe mit ihnen über den Hof und betrete links hinten den Inneneingang. Der Lärm der Schüler erfüllt jeden Raum. Niemand fragt mich etwas, niemand hält mich an. Viele Türen stehen offen. Ich möchte nicht auffallen, deswegen bin ich immer dort, wo auch andere sind. Es geht von diesen Korridoren, Klassenzimmern, Ankleideräumen, Essensälen und Treppenaufgängen eine sonderbare Stimmung der Duldsamkeit aus. Man muß sich klarmachen, daß diese Räume seit mehr als zweihundert Jahren benutzt werden, Tag für Tag; man muß sich klarmachen, daß hier Leben jeden Tag angenommen oder verworfen wird. Hier hätte, wenn er gewollt hätte, aus Stephen Dedalus ein Reverend Stephen Dedalus S. J. werden können. Ebenso hätte aus James Joyce, wenn er gewollt hätte, Reverend James Joyce S. J. werden können. Aber es hat nicht geklappt, bei beiden nicht. Im *Porträt des Künstlers* ... wird die Distanz zum College so umschrieben: »Irgendein Instinkt, stärker als Erziehung oder Frömmigkeit, pulsierte bei jeder Näherung an dieses Leben heftig in ihm, ein listiger feindseliger Instinkt, und wappnete ihn gegen Begütigung. Die Frostigkeit und Ordnung dieses Lebens stießen ihn ab. Er sah sich in der Morgenkälte aufstehen und mit den anderen zur Frühmette defilieren und ohnmächtig versuchen, mit seinen Gebeten gegen die leise Übelkeit seines Magens ankämpfen.« Die Übelkeit führt am Ende des Romans zu diesem Entschluß: »Ich will nicht dem dienen, an das ich nicht länger glaube, ob es sich mein Zuhause nennt, mein Vaterland oder meine Kirche: Und ich will versuchen, mich in irgendeiner Art Leben oder Kunst so frei auszudrücken, wie ich kann ...«

Nach fünf Jahren Unterweisung, im Alter von siebzehn Jahren, verließ Joyce das College – als ein Abtrünniger.

VI.

Mit dem 30er-Bus fahre ich nach Dollymount, wo sich das wahrscheinlich wichtigste geistige Erlebnis von Stephen Dedalus und seinem Autor zugetragen hat. Der Bus startet schräg gegenüber vom Abbey Theatre und verläßt die Innenstadt in Richtung Osten. Er passiert rechts den Fairview Park und fährt dann die Clontarf Road entlang. Nach ungefähr zwanzig Minuten erscheinen links die niedrigen Häuschen von Dollymount und rechts, eingesenkt ins Meer, das Grasland von North Bull Island. Die Unscheinbarkeit der Orte könnte nicht größer sein. Der Bus hält genau am Landende der schmalen Brücke, die North Bull Island bis heute mit dem Festland verbindet. Außer mir steigt hier niemand aus. Die Bullbridge ist, wie von Joyce beschrieben, immer noch aus dünnen Holzplanken. Ihr Geländer ist da und dort stark bemoost, an einigen Stellen sicher auch morsch, aber im ganzen stabil. Es ist gut möglich, daß die Brücke seit Joyces Jugendtagen nicht mehr erneuert wurde. Das an die Mauern schlagende Meer ist hier nichts weiter als ein riesiges graues Gebiß, das niemals müde wird. Rechts, in der Ferne, liegt »das trübe Gespinst der Stadt hingestreckt im Dunst« – so Joyce. Ich verlasse die Holzbrücke und betrete die Bull Wall, eine mehrere Meter dicke Betonmauer, die das Meer davon abhält, die zarten Grashügel der kleinen Insel zu überfluten. Hier geht Stephen Dedalus an einem anfänglich belanglosen Tag seiner Jugend spazieren und läßt sich – sagen wir es einmal so – dann von den Tumulten seines Innenlebens dazu hinreißen, drei weitreichende Entscheidungen zu treffen. Erstens: Er verzichtet auf eine Universitätslaufbahn. Zweitens: Er schlägt eine Karriere im katholischen Milieu seiner Stadt aus. Und drittens: Er will Künstler werden. Bei allen drei Entscheidungen, die zwar ineinander geschoben sind, aber dennoch als einzelne (Willens-)Akte erkennbar bleiben, hilft ihm die zufällige Anwesenheit eines unbekannten Mädchens. Ihre vogelähnliche Zartheit und Schönheit lösen bei ihm einen »Ausbruch profaner Freude« aus. Die körperliche Präsenz des Mädchens bestärkt seine Beschlüsse, indem sie deren sinnliche Folgen antizipierbar macht. Stephen spricht einen Satz leise vor sich hin: »Ein Tag gescheckter meergetragener Wolken.«

Diese absichtslos hingemurmelten Worte – sie beschreiben nichts als einen Blick in den Himmel – sind es, in denen zahlreiche Joyce-Forscher den Beleg dafür sehen, daß sich hier die Urerfahrung aller Literatur abspielt, nämlich (erster Schritt) die Souveränisierung des Ichs durch das Spiel mit der Sprache und (zweiter Schritt) die Verfügbarkeit von Welt durch das Aussprechen von Worten: Subjekt und Objekt verschmelzen in der Autonomie des Sprechens. Der amerikanische Joyce-Forscher Harry Levin drückt diesen Vorgang so aus: »Die Gewißheit, daß Worte Macht haben,« vermittelt »Ordnung und ein eigenes Leben«. Denn, so Levin weiter: »Das ist der Bewußtseinszustand, aus dem heraus die Sprache magische Kraft gewinnt. Die Angewohnheit des verbalen Assoziierens wird zu einem Prinzip erhoben, nach dem die Erfahrung sich ordnen läßt. Man gewinnt Gewalt über eine Sache, indem man sie benennt; man wird Herr einer Situation, indem man sie in Worte faßt.«

Das ist sicher richtig, aber es ist nur die Hälfte der Geschichte. Ein Blick in den Text belehrt uns, daß nicht nur Worte im Spiel waren. Harry Levin berücksichtigt nicht, daß Stephen zugleich »in seinem Inneren eine verworrene Musik« hört, eine »Musik wie von Erinnerungen und Namen, deren er sich fast bewußt war und die er doch nicht, auch nur einen Augenblick, fassen konnte«. Kurz darauf vernimmt Stephen einen »lang gezogenen rufenden Ton, der wie ein Stern das Dämmerschweigen durchstach«. Der Erzähler bezeichnet diesen Ton wenig später als »eine Stimme von jenseits der Welt« (!), die – noch einmal eine Seite weiter –als »Ruf des Lebens an seine Seele« klassifiziert wird.

Wir sehen: Es ist nicht nur ein sprachliches Geschehen, dem Stephens Erlebnis zugrunde liegt, sondern ein komplexes

Zusammenspiel psychischer Konstellationen einerseits und äußerlicher Stimuli andererseits. Beteiligt sind vor allem Anblicke, Musik, Töne, Stimmen, Rufe und schließlich einige selbstgesprochene Worte. Joyce hat innerhalb dieser Momentreihe keine Hierarchie festgelegt. Es ist ein Ausdruck seiner Leistung, daß er die Verworrenheit der Erfahrung gerade nicht geordnet und nicht auf Sprache fokussiert hat, sondern sie durch möglichst exakte Aufzeichnung zwar unübersichtlich, aber authentisch machte. Joyce hat sich der Tatsache gebeugt, daß wir nicht wissen können, *wie* wir zu unseren Ideen kommen. Wir kennen immer nur ihr Ergebnis. Das Moment der Sprache ist dabei unübersehbar im Spiel, aber es ist nicht gewiß, ob Sprache konstitutiv ist.

VII.

Das Leben, das Joyce im Ausland führte, wurde von ihm stets unerbittlich eingeschätzt. Schon im Jahr seines Verschwindens (1904) war ihm klar: »Der Gesellschaftsordnung kann ich mich nicht einordnen – außer als Vagabund.« Die große Wanderung, auf die er sich einließ, brachte ihm ein »groteskes Leben« (1924), eine »absurde Narrenexistenz« (1921), in der er lebte wie eine »hochmütige Ruine« (1935). Die vielleicht rüdeste Einschätzung lesen wir in einem Brief an Harriet Shaw Weaver aus dem Jahr 1935: »Ich fühle mich wie ein Tier, das man viermal mit dem Holzhammer donnernd auf den Schädel geschlagen hat.« Die Selbstdisziplinierung, die Joyce dennoch zustande brachte, ist deswegen von besonderem Gewicht. Das Schicksal der Fremde hat Joyce nicht zu einem höhnenden Künstler gemacht wie so viele andere, die ihre Entwurzelung mit ins Werk einfließender Verachtung sublimieren. So sehr das Werk von

Joyce im *Detail* immer auch eine Abrechnung mit irischen Verhältnissen ist, so sehr ist es im *Ganzen* eine Huldigung an Irland. Deshalb weiß ich nicht, ob es so glücklich ist, wenn wir allzu bedenkenlos die Einschätzungen übernehmen, die Joyce selber über sein Wanderleben in Umlauf brachte. Es fällt auf, daß Joyce fahrlässig oder einfach nur großsprecherisch wurde, sobald er sein Leben fern der Heimat charakterisierte. Das Gerede vom »freiwilligen Exil« fließt ihm leicht in die Briefe. Auch der Begriff der »Verbannung« ist schnell zur Hand, obgleich zur Verwendung dieses Worts eine Instanz gehört, die einen Bann verhängt hat. Einmal meinte er gar, sein Verschwinden mit der Hedschra, der Übersiedlung Mohammeds von Mekka nach Medina (im Jahre 622), vergleichen zu müssen. Wahr ist, daß Joyce in einem gewiß bitteren, aber doch nur äußerlich-räumlichen Sinn ohne Heimat war. Die wohlfeile Deutung, die wir von Richard Ellmann kennen, daß sich Joyce »der Welt durch Flucht entzogen« habe, läßt sich leicht auflösen oder umdrehen. Nämlich so: Joyce hat sich überhaupt nicht entzogen, im Gegenteil. Sein Verschwinden aus Irland war nur eine Entfernung, die eine besondere Nähe unterstreichen sollte, eine Abwendung, in deren Kern eine Liebe steckt oder, dialektisch gewendet, der Ausdruck einer Sache durch ihr Gegenteil. Von »Flucht« könnte man, denke ich, nur sprechen, wenn Joyce mit ihr auch sein Thema geflohen hätte. Davon kann, wie jeder weiß, keine Rede sein. Wovon Joyce sich abwandte, kehrte in verinnerlichter, und das heißt: in erheblich verstärkter Form zurück. Wir erkennen in seiner Haltung die besondere, vielleicht übermäßige Empfindlichkeit eines aufgrund seines Wissens immer schon vorab enttäuschten und also trauernden Menschen. Joyce wollte nicht verschwinden und nicht fliehen, er wollte nur eine randständige Position, die ihm eine ausweichende Verehrung erlaubte. 1927, nach mehr als zwanzigjähriger Abwesenheit, fand er diese Haltung in einem lateinischen Zitat ausgedrückt, das er Harriet Shaw Weaver mitteilte: Dulce et decorum est prope mare sedere. Und er lieferte auch gleich die Übersetzung dazu: »Süß und geziemend ist es, am Ufer des Meeres zu sitzen.« Sollten wir nicht auf die pompösen Begriffe »Flucht«, »Exil« und »Verbannung« verzichten und statt ihrer höchstens von Joyces Heimatferne sprechen? Übrigens hat uns der reife Joyce selbst ein schönes Zeugnis für seine niemals ernsthaft gestörte libidinöse Beziehung zu Irland hinterlassen. Wir finden es in einem Buch des Schweizer Literaturprofessors Jacques Mercanton (*Die Stunden des James Joyce*), der Joyce in den dreißiger Jahren in Paris besuchte. Zu ihm sagte Joyce: »Meine Frau haßt ihre Herkunft und ihre Heimat. Ich aber bin treu.«

Der Ort der Hingabe
Schreiben zum Tode

Über Marcel Proust

Das große Privatobjekt des Marcel Proust, die Zurückweisung von Lebenspraxis, beginnt mit einer betörenden Verdrehung; der sechzehnjährige Schüler eröffnet im Herbst 1887 einen Brief an seine Mutter mit der Anrede:

»Meine auserwählte Herzensmama ...«

Mit dieser Formulierung setzt ein, was sich bis zum Tode von Marcel Proust als seine psychische Realität immer wieder neu ins Recht setzen und seinen Alltag steuern wird: die strategische Ausgrenzung von Außenwelt. Was er nicht vorher auserwählt, wird ihn nicht erreichen. Die geliebte Mutter wollte der Briefschreiber zuallerletzt verlieren. Als sie 1905 starb, nahm er die Trennung nicht hin; im Gegenteil: Ihr realer Tod steigerte sein Zusammengehörigkeitsgefühl mit ihr. Denn Marcel Proust wollte nicht Haltungen zu Fakten finden, sondern die Fakten seinen Haltungen anschmiegen. Mit einem rhetorischen Trick, der für ihn Realität repräsentierte, hatte er einst die symbolische Unverlierbarkeit der Mutter statuiert, indem er sie als von ihm auserwählt ein für allemal in seine Innenwelt zurückstufte.

»Meine auserwählte Herzensmama ...«

Das bedeutet nicht nur, daß seine Mutter unvergleichlich viel besser war als andere Mütter; es bedeutete vor allem, daß seine Mutter nicht wirklich als eigenes Subjekt lebte. Sie gehörte nicht sich, sondern ihm. Er war nicht ihr, sie war sein Fleisch und Blut. Deswegen war seine Mutter der einzige Mensch, dessen physische Existenz Proust jederzeit ertrug. Wer wie Proust an der Unbekömmlichkeit gewöhnlichen Lebens nicht partizipieren, das Leben der anderen Menschen aber um die Verarbeitung der eigenen Unbekömmlichkeitserfahrung bereichern möchte, braucht eine besondere Existenzzurichtung, in der ihm selber die persönlichen Bedingungen wie eine natürliche Ordnung erscheinen. Das Passepartout, das sich Proust für sein Leben erfand, besteht aus vier Elementen: 1. Aus einer rigoros betonten Einsamkeit, die von Jugend an galt; 2. Aus einem Schnorchel in die Außenwelt: das sind seine Briefe; 3. Aus der Kultivierung seiner Krankheit, die 4. in eine Todesbezogenheit überging, aus der Proust unmittelbar Energie bezog. Prousts Zurückgezogenheit ist geheimnisvoll, weil sie sich nicht gesellschaftlichen Erfahrungen selbst verdankt. Die Erlebnisse, die er als Schüler, Soldat und Bibliotheksangestellter in der Gesellschaft macht, sind nicht so, daß er verletzt und dadurch gewarnt vor weiteren Berührungen mit dieser Gesellschaft hätte zurückzucken müssen. Diese Erlebnisse haben, im Gegenteil, für ihn eher beständigenden als demotivierenden Charakter. Überall, im Elternhaus, in der Schule und an der Universität, wird er gefördert und ermuntert. Trotzdem vollzieht er frühzeitig die Wendung zur Einsamkeit. Sie ist der instinktive Ausdruck seines Selbstwissens von der eigenen Außerordentlichkeit. In seiner gesellschaftlichen Enthaltsamkeit werden von Anfang an die Umrisse eines ästhetischen Programms sichtbar, das nicht nur die Entstehung eines Werks begünstigen soll; es soll außerdem den Autor vor denjenigen schützen, für die er es schreibt. Außer mit seiner Mutter wollte er mit keinem Menschen in einem vertraulichen, auf Gegenseitigkeit beruhenden Kontakt treten.

Der 23jährige Proust verkündete brieflich:

»... ich verzichte *für immer* auf ein innigeres Vertrauen«.

Mit dieser Äußerung ist das Existenzprogramm von Proust umrissen. Es wird nicht mehr revidiert, sondern nur noch verschärft werden.

Natürlich wissen wir heute besser als Proust, was aus einem ästhetisch-symbolischen Totalwiderstand eines einzelnen gegen die anderen werden muß. Wir wissen, daß man die Kompaktform der in sich geschlossenen und für sich agierenden Psyche Autismus nennt, und wir wissen, daß es in den blühenden Industriegesellschaften des 19. Jahrhunderts kaum etwas Unverständlicheres gab als den Proustschen Selbstausschluß aus der so vielversprechenden Kommunikationen der bürgerlichen Welt. Deswegen sehen rational gestimmte Leser, die gleichwohl das Entzücken an Prousts Romanen nicht missen wollen, in deren Autor das Urbild für die Selbstschädlichkeit aller Kultur. In Prousts Lebenslauf finden sie das Material, das die Kunst zu einem Destruktionsprozeß ihrer Urheber macht und von der es sich deshalb fernzuhalten gilt. Mit Proust gelingt die Trennung des Künstlers vom Kunstwerk ganz leicht. Der geläufige Typ des Proustkenners liebt das Werk und bedauert gleichzeitig die Krankheit des Künstlers. Für die anderen aber, die selber Literatur hervorbringen und wissen, daß Kunst ohne Pathologie kaum zu haben ist, für die ist Prousts Leben zu einer zentralen Lektion der Literaturherstellung überhaupt geworden. Ich vermute, das Interesse anderer Autoren an der Biographie Prousts hat das Interesse an seinem Werk inzwischen überrundet. Denn an dieser Biographie können andere Schriftsteller lernen, wie man als Schreibender die Probleme des Schreibens und des an ihm hängenden Lebens so zueinander in Beziehung setzt, daß das gelungene, weil vollendete Werk als der letzte und dann einzige Grund des Lebens erscheint. Prousts Biographie ist das Modell eines Schriftstellers, der nur Autobiographie verarbeitet, ohne diese je im deskriptiven Sinne auszubreiten, weil er von der Autobiographie nur deren Abstraktestes, nämlich den Schmerz über das bloß vorüberziehende Leben, als unmittelbar Stoffliches verwendet hat. Proust zeigt uns, wie Schmerz so verarbeitet wird, daß durch dessen Transformation, durch seine Verwandlung in Text, immer neuer Lebensgrund, und das heißt: neuer Schreibgrund entsteht: und wie dieser Kreislauf aus Schmerzevokation und Schmerzweitergabe in eine private Besessenheit des Schriftstellers einmündet, von der Proust wußte, daß in ihr die Selbstaufreibung zum Tode hin mitgelebt wird.

Schreiben ist die Verwandlung des Lebens in eine einzelne Manie. Manie ist die Verlaufsform einer Unvermeidlichkeit. Für die Verstetigung der Kraft, die aus der Umformung des Lebens in eine Schreibmanie hervorgeht, hat Proust seine Erkrankung zu Hilfe genommen. An der Art der narzistischen Aufmerksamkeit, mit der er sich seiner Krankheit zuwandte, können wir sehen, daß sie ihm nicht nur eine konventionelle Legitimation für mangelnde Lebenstauglichkeit lieferte, sondern daß sie Teil einer umfassenden Existenzbegründung war: für das Schreiben im Geist der absehbaren Beendigung des Schreibens, für das Schreiben im Geist des Todes. Die Krankheit war der lebhafte Platzhalter des Todes im Leben, der ihm die Bedeutungen und Zeichen zuspielte, die er benötigte. An seinen Freund Walter Berry schreibt er:

»Der Tod, mit dem ich lebe, verhindert alles.«

Zugleich verschweigt er, daß ihn die Überzeugung des herannahenden Todes Band für Band seines Werks hervorbringen läßt. Schon 1912, zehn Jahre vor seinem Tod, mahnt er, brieflich wie immer, seine Freunde und Bekannten:

»Sie wissen, daß ich keinerlei Sicherheit habe, morgen noch am Leben zu sein.«

Die Krankheit störte frühzeitig das Leben und löste damit, als

Schuld an der Entfernung von diesem, das Schreiben aus. Als Höhepunkt und Ende aller Störungen beendete die Krankheit vorzeitig das ungeliebte Dasein, hatte aber inzwischen, und nur darauf kam es an, das Schreiben als Leben hervorgebracht. Das Schreiben als Leben neutralisierte wiederum die Krankheit, die dadurch im ganzen wie im Detail entschuldbar wurde. Jeder Schreibende ist vom Nicht-mehr-Schreiben-Können bedroht. Nicht immer steigern sich die Mittel des Schreibens mit der Anzahl der Lebensjahre des Schreibenden. Prousts Lebensführungsleistung war der Zusammenfall des Endes des Schreibens mit dem Ende seines Lebens. Das ist der Grund, der die Biographie Prousts so aufschlußreich, attraktiv und nachahmenswert macht. Denn das möchte jeder Schreibende erreichen: Kein Jahr soll es geben, das ohne Schreiben verbracht werden muß, kein Werk, das durch vorzeitigen Tod ungeschrieben bleibt. Und am Anfang des Weges ein eindeutiges Zeichen, das dem Schreibenden Aufschluß gibt über die bevorstehende Generalabweichung.

Als Zehnjähriger erleidet Proust seinen ersten Asthma-Anfall. Wir können sagen: Zum erstenmal greift der Tod nach ihm. *Das* war das Zeichen für den Beginn des ganz anderen Lebens. Wir können diesen Satz ein wenig übertreiben und hinzufügen: Sein Sterben begann in der Kindheit. Und weil sein Sterben in der Kindheit begann, ist der Tod kein finaler Akt wie bei anderen, sondern ein langes Erliegen, das konstitutionell wiederum beteiligt ist an der Entstehung des Werks. Proust wunderte sich nicht, warum gerade ihn eine solche Krankheit traf. Er nahm sie hin und begegnete ihr mit erstaunlicher, ich möchte sagen: mit einverstandener Fürsorge. Den Autor, der in seinem Romanwerk jedem Husten, jedem Seufzer, jedem zu deutlichen Ein- und Ausatmen nachforschte, diesen Autor beschäftigte nicht die Frage, wie er sich die Überfremdung seines Lebens mit einer derartigen Krankheit erklären konnte. Die Möglichkeit, daß man Asthma heilen könne, auf welchem medizinischen Niveau auch immer, trieb ihn nicht um. Obwohl er gerne Arzneimittel einnahm, um deren spezifische und allgemeine Wirkung an sich beobachtend auszuprobieren, ließ er keinen Arzt an sich heran. Er wehrte sich auch gegen die Behandlung der Bronchitis, an der er schließlich starb.

Nur wenige Jahre nach seinem ersten Asthma-Anfall zeigte sich die zweite Kennzeichnung seines Lebens, das Schreiben. Der junge Proust besuchte das Lycée Condorcet und war dort Mitbegründer kurzlebiger Schülerzeitschriften, die *Revue de Seconde*, *Revue Verte* oder *Revue Lilas* hießen. Die *Revue Lilas* belieferte der Schüler mit ersten eigenen Texten. Einer der Beiträge beginnt mit diesen Sätzen: »Das Grauen vor den gewohnten Dingen ist da und die Schlaflosigkeit der ersten Abendstunden, indes über mir Walzer gespielt werden und ich aus dem Nebenzimmer das Klappern von Geschirr höre ... An den Wänden blauen zarte Mondgitter, die durch die unmerklich verschwindenden roten Vorhänge einsickern ... Ich öffne spaltbreit ein Fenster, um noch ein letztes Mal das fahlrote, kreisrunde, sanfte Gesicht des freundlichen Mondes zu sehen ... Ich habe das Fenster wieder geschlossen. Ich liege im Bett. Auf dem Tischchen daneben steht zwischen Gläsern, Flacons und Erfrischungsgetränken, bei kleinen kostbar gebundenen Büchern, bei Briefen der Freundschaft oder der Liebe meine Lampe und erhellt schwach meine Bibliothek im Hintergrund. Die göttliche Stunde! Da ich die gewohnten Dinge, wie die Natur, nicht niederzwingen kann, habe ich sie geheiligt. Ich habe sie mit meiner Seele umkleidet, mit intimen und prachtvollen Bildern ...«

In diesem Text des 15jährigen Marcel spiegeln sich die beiden zentralen Momente der späteren Existenz des Schriftstellers Proust: soziale Zurückgezogenheit und literarische Introspektion. Sein Problem, und zwar von Jugend an, bestand nur darin, für beides eine verläßliche Einpassung zu finden. Seine Krankheit half ihm, die Ratlosigkeit darüber zu verbergen, was er eigentlich bis zum Beginn des richtigen und wirklichen, des berufsmäßigen Schreibens tun sollte. Das liebende Schimpfen der Mutter, die ihren erwachsenen Sohn noch immer »Goldspatz« nannte, er möge sich endlich einer ernsthaften Arbeit zuwenden, war jahrelang ohne Wirkung geblieben. 1893 bekannte der inzwischen 22jährige Proust seinem Freund Robert de Billy:

»Ich bin in der allergrößten Bedrängnis, denn ich muß mich, Papa wünscht es, hinsichtlich meiner Berufswahl entscheiden.«

Der Vater hatte für den unwilligen Marcel die Karriere eines Anwalts, eines Diplomaten oder eines Börsen- und Wechselmaklers vorgesehen. Der zu diesem Zeitpunkt schon publizierende Sohn sah in diesen (und in allen anderen) Berufen Angriffe auf sein Konzept der Privatheit, mit dessen Hilfe er sich gegen den Verschleiß in der Gesellschaft zu stellen gedachte. Er schrieb an seinen Vater:

»Allerliebster Papa,

Tausendmal lieber, als mich auf den Anwaltsberuf vorzubereiten, würde ich noch bei einem Wechselmakler eintreten. Im übrigen muß ich dir leider versichern, daß ich es da keine drei Tage aushielte! (...) Aber unter mehreren Übeln gibt es doch kleinere und größere. Etwas Grauenvolleres als den Anwaltsberuf habe ich mir selbst in den Tagen meiner größten Verzweiflung nicht vorstellen können. Die diplomatische Laufbahn, die mir jener ersparen würde, erscheint mir zwar nicht gerade als meine Berufung, aber immerhin als ein Ausweg...«

Im selben Maß, wie Proust die Erlernung eines Berufs abwehrte, versuchte er, die Zeichen seiner Erkrankung als Winke für seine Daseinsauslegung auszuwerten. In seinen Briefen gibt er zu erkennen, daß er sein Schicksal, das langsame Sterben, wie ein notwendiges Trägerstück für das von ihm geführte Schriftstellerleben einschätzte. Der Dreiundzwanzigjährige schrieb an seinen Freund Robert de Montesquiou:

»Unser aller Schicksale sind vermutlich geschaffen, um gelebt, nicht aber um verstanden zu werden.«

Ein solcher Satz verrät den inneren Pakt, den Proust mit seiner Todesakzeptanz geschlossen hatte. Er hatte schon als junger Mann darauf verzichtet, sich Bedrohungen selbst zu erklären oder gegen sie vorzugehen. Statt dessen gab er zu verstehen, daß er mit einem raschen, verdichteten und fruchtbaren Durchgang durch die Jahre rechnete. Proust kämpfte gegen sein nicht aufbesserbares Ich, insbesondere gegen die Form seiner Sexualität; gegen seine Krankheit kämpfte er nicht. 1903, mit knapp 32 Jahren, war Proust in der Radikalität seines Schriftstellerlebens angelangt, und das heißt bei ihm: im Zentrum des Unterwegsseins im Sterben. An Edmond Jaloux schrieb er:

» ... das ganze Leben, die ganze Wahrheit, die ganze Kunst« (ist) » ... ein Triumph der Nichtigkeit und zugleich ein Triumph des Todes.«

Zwei Jahre später, 1905 und also im Alter von 34 Jahren, fühlte er

– »die ganze Nichtigkeit meines Daseins«.

Er erblickte diese Nichtigkeit, indem er seinen –

»Blick nach innen wendet«, dem »Geiste zu«.

Das heißt, er nahm die gefühlte Nichtigkeit, das Todesbewußtsein, in sein ästhetisches Programm auf. Wie wir uns diese Operation vorstellen können und wie sie technisch funktionierte, teilte er 1919, drei Jahre vor seinem Tod, Paul Souday mit:

» ... den wilden Schmerz mählich sich verwandeln lassen in ein lichtvolles und trauriges Nachsinnen.«

Das ist, in einem Satz, das Schreibprogramm von Marcel Proust gewesen: Er transformierte den Schmerz der Todesteilnahme in den Schmerz seines Schreibens und machte ihn damit zu dessen Antrieb. Seine Schreiberfahrung war die immer neu verlebendigte Todeserfahrung. Wenn wir diese Voraussetzung anerkennen, können wir auch verstehen, wie es ihm möglich war, mit wirklich Toten wie mit Lebendigen umzugehen und aus diesem Umgang die Heftigkeit seines Schmerzes und darin den Antrieb des Schreibens zu finden. 1907 sandte Proust einen Beileidsbrief an seinen Freund Georges de Lauris zum Tode von dessen Mutter. Der Brief kennzeichnet den Sprung der Umwandlung des Schmerzes in Schreibenergie. Zunächst beschwört Proust den rhetorischen Rückruf der Toten durch die bloße Seligkeit des Erinnerns: »Immer von neuem stellen wir uns in Gedanken den Familienkreis wieder vor, wie er gewesen wäre, wie er für uns fortbesteht, ohne Tod. Wahrhaftig haben wir diejenigen, die wir lieben, nahe um uns.«

Im folgenden Satz kommt zur Erinnerung der Schmerz hinzu: »Zu denken aber, daß sie nicht spüren, daß wir sie bei uns haben, und sie davon keine Freude, keinen Eindruck haben, daß Mama nicht sieht, daß ich aufstehe … das ist mehr als genug, um ein heftiges Todesverlangen reif werden zu lassen. Immerhin konnte Ihre Mutter Ihre Erfolge wenigstens ahnen. Die meine ist in dem Glauben gestorben, daß *ich* niemals aufstehen werde.«

Der Schmerz darüber, daß seine Mutter nicht sehen konnte, wie er aufstand, um an seinem Romanprojekt zu arbeiten, stiftet in ihm jenes Todesverlangen, das natürlich der endgültige Durchbruch des Arbeitsverlangens ist, das von nun an nicht hintergehbar ist, weil es sich dem Umherströmen einer nicht wiedergutzumachenden Schuld verdankt. Die tote Mutter ist zwar verschwunden, aber sie beobachtet ihn trotzdem. Ist sie wirklich und endgültig verschwunden? An Jeanne de Caillavet schrieb Proust den Satz:

»Für mich leben die Toten.«

Diesen Satz dürfen wir wörtlich nehmen. Proust glaubte nicht im religiösen Sinn an ein Fortleben nach dem Tod; nach übereinstimmender Mitteilung von vielen Zeitgenossen war er ungläubig. Die Unannehmbarkeit des Todes der Mutter hat ihn aber veranlaßt, sich eine private Todes-Metaphysik auszuspinnen, die ihm erlaubte, in einer halluzinierten Untrennbarkeit von der Mutter zu leben. Seine Todes-Metaphysik hatte die Funktion einer persönlichen geistigen Technik; sie half ihm, die für einen Lebenden unausdenkbare Entfernung zu einer Toten zu überwinden. Wie das metaphysische Verfahren funktionierte, beschrieb er in dem schon erwähnten Beileidsbrief an Georges de Lauris:

»Sobald Sie sich an die grauenhafte Tatsache gewöhnt haben, für immer in die Vergangenheit zurückgeworfen zu sein, werden Sie spüren, wie Ihre Mutter ganz sacht zu neuem Leben erwacht, zurückkommt, um ihren Platz einzunehmen, den ungeschmälerten Platz an Ihrer Seite.«

Zum Tod seines Freundes, des Schriftstellers Robert de Montesquiou, schrieb Proust 1921 an die Herzogin Clermont-Tonnere diese Zeilen:

»Madame – wie ich höre, waren Sie fast die einzige Freundin beim Begräbnis des armen Montesquiou. Ich sage ›armer Montesquiou‹, obgleich ich ehrlich davon überzeugt bin, daß er nicht tot ist und daß beim Begräbnis, wie bei Karl V., der Sarg glücklicherweise leer gewesen ist. Deshalb warte ich noch mit der Niederschrift eines Aufsatzes, den ich über ihn schreiben will ... Ich war zu leidend, um ihm zu sagen, wie sehr ich ihn liebte; wenn er wider aller Erwarten wirklich tot sein sollte, wäre ich untröstlich, ihm das nicht rechtzeitig mitgeteilt zu haben ...«

Das suggestivste und für Proust selbst aufschlußreichste Beispiel seiner Todes-Metaphysik steht in seinem Romanwerk. Ich meine die Reflexion, die der Autor dem toten Dichter Bergotte nachschickt:

»Er war tot. Tot für immer? Wer kann es sagen? Gewiß erbringen spiritistische Experimente nicht deutlicher als religiöse Dogmen den Beweis für das Fortleben der Seele. Man kann nur sagen, daß alles in unserem Leben sich vollzieht, als träten wir bereits mit der Last in einem früheren Dasein übernommener Verpflichtungen in das derzeitige ein; es besteht kein Grund in den Bedingungen unseres Erdendaseins selbst, weshalb wir uns für verpflichtet halten, das Gute zu tun, zartfühlend, ja, auch nur höflich zu sein; auch nicht für den Künstler, der nicht an Gott glaubt, weshalb er sich gedrungen fühlen soll, zwanzigmal ein Werk von neuem zu beginnen, dessen Bewunderung seinem von Würmern zerfressenen Leib wenig ausmachen wird – ebensowenig wie die gelbe Mauerecke, die mit soviel Können und letzter Verfeinerung ein auf alle Zeiten unbekannter und nur notdürftig unter dem Namen Vermeer identifizierter Maler einmal geschaffen hat. Alle diese Verpflichtungen, die im gegenwärtigen Dasein nicht hinlänglich begründet sind, scheinen einer anderen, auf Güte, auf Gewissenhaftigkeit, auf Opferbereitschaft basierenden Welt anzugehören, einer Welt, die vollkommen anders als unsere hiesige ist, aus der wir aber gekommen sind, um auf dieser Erde geboren zu werden, bevor wir vielleicht in jene zurückkehren, um wieder unter der Herrschaft der unbekannten Gesetze weiterzuleben, denen wir gehorchen, weil wir ihr Gebot in uns trugen, ohne zu wissen, wer es dort eingeschrieben hat – Gesetze, denen alle vertiefte Arbeit des Geistes uns näherbringt und die unsichtbar – vielleicht nicht einmal das! – einzig den Narren bleiben. Der Gedanke, Bergotte sei nicht für alle Zeiten tot, ist demnach nicht völlig unglaubhaft.«

Bergotte, der kranke Dichter, hatte das Pariser Impressionisten-Museum Jeu de Paume besucht und war dort von dem Gemälde *Ansicht von Delft* des holländischen Malers Vermeer hingerissen gewesen. Das Bild war für ihn ein Stück Vollkommenheit, der Inbegriff dessen, was Kunst leisten kann. Prousts Biograph André Maurois glaubt, daß der Dichter Bergotte zur einen Hälfte Anatole France, zur anderen Hälfte Proust selber gewesen war. Tatsächlich geht die Vermeer-Episode im Jeu de Paume auf ein Erlebnis von Proust zurück. Er hat die Passage vom Tod Bergottes geschrieben, nachdem er am 24. Mai 1921, ein Jahr vor seinem Tod, das Jeu de Paume besucht hatte und dort von Übelkeit und heftigem Schwindel erfaßt worden war. Nach diesem Zwischenfall soll Proust seine Wohnung nicht mehr verlassen haben. Wer die Reflexion über Bergottes Sterben vor dem Hintergrund von Prousts eigenem, immer schneller herannahendem Tod liest, kann leicht sehen, daß Proust in der Beschreibung von Bergottes Tod seine eigene Unsterblichkeitsüberzeugung mit eingebracht hat. Der entscheidende Satz lautet:

»Der Gedanke, Bergotte sei nicht für alle Zeiten tot, ist demnach nicht völlig unglaubhaft.«

Es gibt keinen Verzicht ohne die Spekulation auf einen späteren Gewinn. In Prousts Unsterblichkeitsüberzeugung liegt die späte Sinnbeute, die seinem ein Leben lang durchgehaltenen Verzicht auf eine unmittelbar wirksame Rolle in der Gesellschaft nachfolgt. Waren schon die Toten, die er als Lebende geliebt hatte, für ihn nicht wirklich tot, so konnte er selbst, der sich am meisten geliebt hat, nur unsterblich sein. Der Schmerz, der durch diese permanenten Bedeutungstransformationen frei wurde, war für Proust ein Produktionsmittel; er ästhetisierte ihn so lange, bis er die Form von brauchbarer künstlerischer Kraft angenommen hatte. Prousts persönlicher Ausdruck als leidender Künstler war deswegen nicht der Ausdruck eines Erkrankten, sondern eines von seiner Arbeit besessenen Außenseiters, der nicht recht wußte, wie er seine Besessenheit legitimieren sollte.

Aus dem gleichen Grund sind seine Briefe nicht, wie wir so oft lesen, die notdürftige, weil einzige Verbindung eines Kranken zur Außenwelt. Freilich hat Proust diese Fiktion selbst oft lanciert, und sie ist ihm geglaubt worden. Seine Freunde sollten annehmen, daß ihn seine Krankheit ins Zimmer sperrt und ans Bett fesselt. Der erste Eindruck, den die anderen von ihm gewannen, sollte in jedem Fall die Schwäche sein. Dabei war Schwäche, wie Proust sie verstand, nur synonym für Unbrauchbarkeit für die anderen, und Unbrauchbarkeit für die anderen war synonym für die ausschließliche Brauchbarkeit Prousts für sich selbst. Die Betonung seiner Krankheit war nur ein Angebot an diejenigen, die die Interessen seiner Privatheit nicht sehen wollten oder nicht verstanden. An Léon-Paul Fargue schrieb er den Satz:

»Ich konnte mich nicht in meinem Bett rühren, von wo ich den schönen Todes-Versteinerungen entgegengehe ...«

Tatsächlich besuchte Proust zur gleichen Zeit die Abendgesellschaften seiner Freunde, er selbst gab Empfänge im Ritz, und noch in seinem Todesjahr, 1922, war es für ihn nicht ungewöhnlich, einen Mann namens Jacques Delgado, der ihn in der Bar *Le boeuf sur le toit* beleidigt hatte, »auf Säbel zu fordern«, das heißt sich zu duellieren. Das Duell kam nicht zustande, weil sich Delgado entschuldigte und die Beleidigung zurücknahm, aber Proust schrieb ihm hinterher einen Brief, in dem er zunächst wie gewöhnlich versicherte, daß er das »Barleben nicht gewöhnt« sei, dann aber eingestand, daß er –

» – vielmehr hier eine Chance vermute, das zu wiederholen, was ich sehr geliebt habe und was *meine Gesundheit* mir keineswegs verbietet: ein Duell«.

Wir sehen, und nur deswegen habe ich diese Geschichte hier eingebracht: Wenn es Proust darauf ankam, behandelte er seine Krankheit als seine Gesundheit. Seine Briefe geben nicht nur Auskunft darüber, an welchen Türen er anklopfte und wo und aus welchen Gründen ihm der Einlaß versagt blieb; sie regelten auch, wer ihn besuchen durfte und wer nicht und, vor allem, wer von den Ferngehaltenen nicht erfahren sollte, daß Prousts behauptete Unerreichbarkeit gar nicht für alle und nicht jederzeit galt. In der Art und Weise, wie Proust Besuche abschlug oder gewährte, in der Pedanterie, mit der er einen schließlich erlaubten Besuch mit der Angabe des Tages und der genauen Uhrzeit festlegte und außerdem eine briefliche Schilderung der häuslichen Umstände hinterherschickte, die der Besucher voraussichtlich in Kauf zu nehmen habe, in dieser Pedanterie steckt die größte Angst, die ihn noch mit der Außenwelt verband: die Angst vor dem wirklichen Austausch mit einem wirklichen Menschen. Er wußte, er hatte diesen Austausch psychohygienisch so nötig wie die anderen, aber er fühlte sich auch einer frühen Selbstannahme verpflichtet, die mit Angst überhaupt nichts, sondern mit deren Gegenteil, mit einem ins Pompöse gesteigerten Selbstbewußtsein zu tun hat. Nach den Vorgaben dieser Selbsteinschätzungen tauschte sich Proust nicht mit anderen, auch nicht mit bewunderten anderen Menschen aus, weil er fürchtete, beim Tausch kaum Adäquates zurückzuerhalten. Noch 1913 überlegte er, ob er sich von seinem Romanwerk, an dem er acht Jahre gearbeitet hatte, wirklich trennen sollte; an Louis de Robert schrieb er:

»So kommt es, daß ich mich manchmal frage, ob ich gut daran tue, mein Buch zu veröffentlichen, weil ich … mit den am wenigsten dummen meiner Zeitgenossen so tiefgehende Meinungsverschiedenheiten habe.«

Wer sich, wie Proust, als einzigartig einstuft, kann keine Verlockung darin sehen, seine inneren Daten auf den Markt der Gefühle zu tragen. Für ihn war klar, daß ihm die Welt nichts zu bieten hatte. Mit 22 Jahren argwöhnte er:

»Sie glauben, unser Reiz verflüchtige sich, wenn wir zuviel Aufschluß über uns geben, und ich glaube, das stimmt.«

Der 25jährige Proust glaubte:

»Denn für auserwählte Menschen, für Denker, Heilige und so weiter ist es nur allzu einleuchtend, daß sie glauben, man könne, was man wolle, oder vielmehr, man sei soviel wert, wie man wolle, oder vielmehr, wie man könne. (Das heißt, unser Wille, die Macht über uns selbst, setzt das Maß unseres Wertes.)«

Der 29jährige tröstete brieflich seine Kollegin Marie Nordlinger:

»Beklagen Sie sich nicht darüber, nicht gelernt zu haben.« Und er schrieb ihr, Marie Nordlinger, den für die Moderne vielleicht unerhörtesten Satz, den wir vom Proust kennen: »Es gibt nichts zu wissen.«

Niemals wird er bereit sein, sein persönliches Sozialisationswissen, und das heißt: das Wissen von der Einzigartigkeit der Liebe zu seiner Mutter und ihrer Liebe zu ihm, jemals gegen das (in seinen Augen) Trivialwissen über das Leben der anderen Menschen in der Gesellschaft einzutauschen. Proust macht nicht mit, was die Ingenieure und Planer der eben modern werdenden Gesellschaft vom Subjekt erwarteten und weiter erwarten: daß die einzelnen den Kampf dieser Gesellschaft um die Geltung der jeweils besten Funktionalität zu einer je inneren Auseinandersetzung dieser einzelnen selber machen. *Es gibt nichts zu wissen:* Dieser im Jahre 1900 geschriebene Satz ist gegen alles gerichtet, was die europäische Zivilisation in den drei Jahrhunderten zuvor hervorgebracht hat, insbesondere gegen die Aufklärung, gegen die ihr folgende Idee der Selbstveredelung des Menschen durch Kultur, gegen das Programm der religiös eingefärbten Innerlichkeit, gegen den blühenden Liberalismus und gegen das, was er zu Prousts Lebzeiten schon aus Europa gemacht hatte, nämlich eine Konkurrenzgemeinschaft hochkapitalistisch organisierter Staaten. Adam Smith hatte 125 Jahre zuvor in seinem Hauptwerk *Der Wohlstand der Nationen* das Prinzip der ökonomischen Entwicklung beschrieben: »... die natürliche Neigung des Menschen, zu handeln und Dinge gegeneinander auszutauschen«, führt dazu, daß sich »von selbst allgemeiner Wohlstand in allen Schichten der Bevölkerung« ausbreitet. Der Ökonom Smith hatte an Rohstoffe, Waren und Leistungen gedacht, die Menschen untereinander austauschen sollten. Andere Aufklärer erkannten, daß sich im Menschen selbst, und zwar in jedem Exemplar der Gattung, ein großes Warenhaus von Bedürfnissen, Überzeugungen, Meinungen, Stimmungen, Eigenheiten, Triebspezialitäten, Vorlieben und Abneigungen befindet, die die Menschen ebenfalls – wie Waren und Rohstoffe – untereinander anbieten und, soweit möglich, im Tauschwege befriedigen können. Gegen *diese* Ausweitung des Handels mit menschlichen Befindlichkeiten richtete sich Prousts Satz: Es gibt nichts zu wissen. Seine Abneigung gegen diesen Handel ist auch der Grund, warum Gesellschaft als soziales System in seinem Werk nicht erscheint, sondern nur ein kleiner Teil von ihr, nämlich das Großbürgertum, und von diesem wiederum nur eine Seite, nämlich deren Geselligkeits- und Unterhaltungskultur. Die Gesellschaft als Ganzes, die Struktur der Vernetzungen, war für Proust kein Gegenstand, weil deren Funktionalität, der Totalaustausch, für ihn nur eine monströse Geschmacklosigkeit war. Aus dem gleichen Grund konnte aus Proust weder ein Gesellschaftskritiker noch ein Gesellschaftsrepräsentant werden. Er verewigte statt dessen die zentrale Erfahrung seines Lebens, nach der die Gesellschaft niemals so »gut« werden konnte, wie es seine Kindheit war. Den Schreck, mit dem er einst, nach Beendigung der Kindheit, feststellen mußte, daß ihm die Welt nicht mehr bekannt erschien, verwandelte er in die Geltung eines lebenslangen Selbstausschlusses. Er nahm dabei in Kauf, daß sich jener Teil der Energien, die seine Natur für die Austragung des Kampfes in der Gesellschaft bereitstellte, destruktiv gegen das eigene Selbst richtete und aus seinem Dasein jene Selbstaufreibung machte, die uns heute als Material für den Zweifel an der Moderne zur Verfügung steht. Proust hat nicht versucht, sein Verharren, das Stehenbleiben seiner Psyche, die Vergespensterung seines ganzen Lebens als Vorteil auszugeben. Er selbst hat noch nicht erkennen können, daß sein Versagen vor der Gesellschaft schon ein Teil jener Fremdheit war, die wir heute als das durchschlagende Kulturgefühl des 20. Jahrhunderts kennen. Er hat die Erfahrung der Fremdheit noch ganz auf seine privaten Verhältnisse bezogen und sie daraus auch zu erklären versucht. An Geneviève Straus schrieb er 1905:

»Ich glaube, man würde noch gesund werden, wenn nur ›die anderen‹ nicht wären. Die Erschöpfung aber, die sie verursachen, das fortdauernde Unvermögen, ihnen die Schmerzen verständlich machen zu können, die mitunter während eines Monats Folge der Unvorsichtigkeit sind, die man beging, um das zu tun, was ihnen als großes Vergnügen erschien, all das bedeutet den Tod.«

Bis zu seinem Tod hat Proust nicht damit aufgehört, die Schuld an seiner Abwendung von der Gesellschaft bei sich selbst zu suchen. 1914, acht Jahre vor seinem Tod, schrieb er an André Gide:

»Ich bin vielleicht der Mensch mit der geringsten Neugierde.«

Mit den Jahren verschärfte sich freilich der Ton, und der Gegenstand der Anklage, die eigene Natur, rückte immer mehr ins Zentrum von Prousts Aufmerksamkeit. 1918, vier Jahre vor seinem Tod, schrieb er wieder an André Gide:

»Mein Ich ist mir reichlich verhaßt.«

Und, im gleichen Brief:

»Ich erfasse nun, daß der Tod unsere einzige Hoffnung ist und uns den Mut gibt, bis zum Abend auf Wanderschaft zu bleiben.«

Die Maske, die Proust nach außen hin, und das heißt: gegeüber seinen Briefpartnern, findet, ist die der Liebenswürdigkeit. Immerzu zeigt er sich denjenigen, deren »fortdauerndes Unvermögen« ihm den Tod bringt, zuvorkommend, freundlich, hilfsbereit. In Prousts Liebenswürdigkeit haben sich, da sie zu einer operationalisierbaren Haltung werden mußte, die Züge eines sublimierten Hasses auf alles Gesellschaftliche eingeschlichen. Die vielen Zeitgenossen, die seine brieflichen Nettigkeiten für bare Münze nahmen, ahnten genausowenig wie jene Leser, die ihn für einen amüsanten Gesellschaftsautor hielten, daß im Medium der Liebenswürdigkeit die Gesellschaft auf eine Weise abgelehnt wurde, daß diese selbst, ganz und gar auf Äußerlichkeit fixiert, von ihrer eigenen Ablehnung nichts erfuhr. Es ist, mit einer Formulierung von Alfred Lorenzer, eine »Beseitigung durch Umarmung«. Einer, der Prousts veröffentlichtem Verhalten nicht traute, war der Freund und Schriftsteller Edmond Jaloux, mit dem Proust nach 1917 oft im Ritz dinierte. Jaloux durchschaute Prousts Technik der bloß vorgespielten Anwesenheit; er notierte:

»Man könnte sagen, er überhäufe einen mit seinen Artigkeiten, um mehr Anrecht darauf zu haben, sich wieder zu entziehen, seine heimlichen Zufluchtsstätten wieder aufzusuchen, das peinigende Mysterium seines Geistes.«

Vielleicht hat nicht einmal Proust den Doppelcharakter seiner Freundlichkeiten bemerkt. Wer seine Briefe liest, stößt immer wieder auf die gleichen Floskeln, die von Jahr zu Jahr deutlicher ihre Erstarrung zeigen und die Proust doch nicht aufgegeben hat. Immerzu versichert er auch Menschen, die ihm ferner stehen, seiner tiefen Freundschaft, seiner tiefen Ehrerbietung, seiner hochachtungsvollen und tief empfundenen Dankbarkeit. Wenn er es mit Frauen zu tun hat oder mit bereits anerkannten Schriftstellern, dann wirft er sich ihnen zu Füßen, er bittet um Absolution oder umarmt sie zärtlich und behutsam – natürlich immer nur schriftlich. Proust hat diese fassadenhafte Höflichkeit bis zum Ende seines Lebens beibehalten. Vermutlich durfte ihm ihr Klischee nie problematisch werden, weil sich in den Formen der Höflichkeit die Kürzel seiner Gesellschaftsabwendung viel zu stark verfestigt hatten. Erst der Zusammenhang vieler hundert Briefe läßt das Ritual der Nettigkeit als solches hervortreten und gibt die Pose frei.

Die Verweigerung von Interaktion, der kultische Selbstbezug auf die Krankheit, die Wappnung mit Liebenswürdigkeit und der immer mitgedachte Tod als Stimulans sind Elemente einer biographischen Erfindung, die wir Prousts Ort der Hingabe nennen können. Hingabe ist für ihn eine Mischung aus Ausweglosigkeit und Besessenheit. Beides zusammen, Hingabe und Besessenheit, leisten nach außen die Abschirmung gegen die Gesellschaft und nach innen den Zwang zum Werk. Im Vollzug beider Bewegungen, in der Bewegung zum Werk und in der Bewegung zum Tod, fand Proust das Glück des Künstlers, der auf seine Existenzkategorien gestoßen ist. 1904, acht Jahre vor seinem Tod, schrieb er an Armand de Guiche:

»Ich selbst empfinde die Kälte als einen noch stimmungsvolleren Rahmen für das Glück. Das der Kälte wegen zusammengezogene Glück, genötigt, sich zu verengen, ins eigene Herz sich zurückzuziehen, ich finde, es erfährt so seine höchste Steigerung.«

1917, fünf Jahre vor seinem Tod, gestand er Emmanuel Berl:

»Mein Geschick will es so, daß ich nur aus mir selbst Bereicherung ziehen kann.«

Jetzt konnte er auch zugeben, daß er, der manische Briefschreiber, niemals an Antworten der Empfänger seiner Briefe interessiert war. André Gide bat er 1918 in einem Brief, in dem er sich selbst auf viereinhalb Druckseiten über die eigenen Probleme ausspricht:

»... ich bitte Sie dringend, mir nichts zu sagen«.

Gegenüber seinem Freund Lucien Daudet war er noch kürzer und deutlicher: »Ich hasse Briefwechsel.«

Wie umfassend Proust seine Abtrennung von den anderen verstand, beschrieb er 1909 in einem Brief an Georges de Lauris:

»Ich will weder gedrängt noch geplagt, weder entlarvt noch meines Erstgeburtsrechts beraubt, weder kopiert noch kommentiert, weder kritisiert noch geschmäht werden.«

Seine Furcht, von unwissenden oder nicht geneigten Personen mißverstanden oder falsch ausgelegt zu werden, ging nach 1900 so weit, daß er manche Korrespondenzpartner ausdrücklich bat, seine Briefe nicht herumzuzeigen oder sie ihm nach Lektüre zurückzusenden. Geneviève Straus, seiner vielleicht vertrautesten Brieffreundin, teilte er mit:

» ... lieb ist mir Schweigen, da es wenigstens nicht zu Interpretationen Anlaß gibt«.

Und er täuschte, wie er es immer getan hatte, den Empfängern seiner Briefe die Eindimensionalität seiner Krankheit als bloße Einschränkung vor und verschwieg ihnen die versteckte Energie, die seine Besessenheit aus der Krankheit zog. Mit zwei Ausnahmen. Die erste bezieht sich auf einen Brief, den er 1917 an Prinzessin Soutzo richtete; darin heißt es:

»Obschon es mich erbittert, daß ich an so unerträglichen physischen Schmerzen leide, die besonders in den letzten Monaten die unentrinnbaren Begleiter meines Kummers gewesen sind, hänge ich an diesen meinen Leiden, und der Gedanke ist mir verhaßt, sie könnten von mir gehen.«

Prousts Einsicht in seine Abhängigkeit von den positiven Wirkungen seiner Erkrankung ist an dieser Stelle unverkennbar; in einem Brief an Jacques Boulenger, den Proust ein Jahr vor seinem Tod schrieb, steigert sich diese Einsicht in eine Ambivalenz, deren Schillern es schwer macht, die Krankheit als Krankheit noch ernst zu nehmen:

»... so will ich mit den Worten schließen, daß ich mehr *Kraft* als *Schwäche* zu haben glaube. Obwohl ich unter... körperliche(r) *Schwäche*... leide, verlängert durch verhaßte Diätvorschriften, habe ich dennoch die *Kraft* zu versuchen noch weiterzuleben, um mein Buch zu beenden. Obwohl ich zu *schwach* bin, auch nur eine Zeile ohne Schmerzen zu schreiben, habe ich doch die *Kraft*, fünf Seiten zu schreiben, um einen Irrtum zu widerlegen. Obwohl ich zu *schwach* bin, mich zu erheben, werde ich nicht sagen, es sei ein Zeichen der *Stärke*, daß ich dennoch gern mein Bett verlasse, um mich zu duellieren, denn ein Duell ist ein Vergnügen für mich, das mir Flügel verschafft anstelle meiner versagenden Beine. Obwohl ich so *schwach* bin, daß ich weiß, was ich mit einem Ausgang aufs Spiel setze, habe ich trotzdem die *Kraft*, es auszuführen...«

In diesen Zeilen ist fünfmal von Schwäche, viermal von Kraft und einmal von Stärke die Rede, das Verhältnis der versagenden zu den sieghaft kämpfenden Anteilen steht fünf zu fünf. Aber es kommt nicht auf die Ausgeglichenheit der Stärke- und Schwächemomente an. Wichtig an dieser Briefstelle ist die Unanfechtbarkeit der Selbstauslegung. Er, Proust, behält sich vor, die Schwäche einmal Schwäche, dann aber auch wieder Stärke zu nennen: ganz nach der Maßgabe seiner inneren Erfahrung. Wir sehen: In der Krankheit liegt zwar die Gravitation seiner Niederlage, aber sie ist zugleich das Zentrum seiner Souveränität. Proust nimmt damit teil an einer großen Erfahrung freien Schreibens: Er ist frei davon, sich für die Gesellschaft handlich machen zu müssen. Das ist das Ergebnis der Bildung seines Subjekts. Seine Selbstbemächtigung besteht in der Zulassung einer Widerborstigkeit, von der die anderen lernen müssen, daß sie in der Gesellschaft als Mangel gilt, weil sie Menschen als Einordnungsprobleme kenntlich macht. Die Sozietät will Berechenbarkeit bis in die Details. Wer sich den Systemen der Wieder-

Verstehbarkeit und – damit auch – der Fremdverwendbarkeit entzieht, begibt sich in die Pathographie einer Abweichung, für die die immerzu einordnende und beurteilende Gesellschaft nur die Namen von Krankheiten bereithält: das Mindeste sind narzistische Störungen aller Art, als schwerwiegender gelten Hysterien, Phobien und autistische Reduktionen, als schon fast hoffnungslos werden Depressionen angesehen, und am schlimmsten hat es getroffen, auf wen die Bezeichnung Schizophrenie zutrifft. Schon viele Jahre vor seinem wirklichen Tod glich Prousts Isolation einer selbstkonstruierten Todesenge. 1915 schrieb er an Georges de Lauris:

»Ich lebe so allein, daß ich nichts weiß.«

Aber er vergaß nicht, wofür diese Todesenge stand und wovor sie ihn bewahrte. Drang dennoch eine Einzelheit seines Lebens unzensiert nach außen, reagierte er mit Empörung. Zum Beispiel so:

»So sprach man vorgestern im Figaro von meinen körperlichen Schmerzen, die man als mein ›Martyrium‹ bezeichnet, gibt es wohl etwas Peinlicheres, als das auf der Titelseite einer Zeitung ausgebreitet zu sehen?«

André Maurois zitiert in seiner Biographie eine Schilderung von Proust, die der Autor René Boylesve 1947 veröffentlicht hat; danach können wir uns den späten Proust so vorstellen:

»Ein ziemlich großer, fast dicker Mensch mit hohen Schultern, eingezwängt in einen langen Überzieher. Er behält seinen Überzieher an, weil er krank ist und eine unzuträgliche Temperatur fürchtet. Vor allem aber ein ungewöhnliches Gesicht: bläuliches, schon angegangenes Wildfleisch, große, tiefliegende Augen einer orientalischen Tänzerin mit zwei breiten Schattenringen; üppiges, glattes, schlecht gestutztes schwarzes Haar, das seit zwei Monaten nicht geschnitten war; ein ungepflegter schwarzer Schnurrbart. Er wirkte mit seinem Lächeln wie eine

Handleserin. Während ich ihm die Hand drücke, fällt mir sein ausgeweiteter, abgetragener Kragen auf, der – ohne Übertreibung – bestimmt seit acht Tagen nicht gewechselt war. Ärmliches Aussehen und kleine zierliche Schuhe für einen Frauenfuß. Eine fadenscheinige Krawatte; weite, zehn Jahre alte Hosen. Ich denke an alles, was in seinen jüngst erschienenen Büchern steht. Er sitzt neben mir; ich sehe ihn an. Trotz des Schnurrbarts wirkt er wie eine sechzigjährige jüdische Dame, die einmal schön gewesen sein mag... Ich will seine Hände sehen, aber sie stecken in weißen, bemerkenswert schmutzigen Handschuhen; dafür sehe ich ein zartes weißes Handgelenk. Das Gesicht scheint eingefallen gewesen und dann wieder lächerlich unvollständig aufgeblasen worden zu sein; die Fettpolster liegen irgendwo, nur nicht da, wo man sie erwartet. Jung, alt, krank und feminin – eine seltsame Erscheinung...«

In dieser Beschreibung klingt die Fassungslosigkeit eines Zeitgenossen mit, der kaum glauben mochte, was er doch vor sich sah und so plastisch mitgeteilt hat: den Anblick des realen Marcel Proust. Dieser Autor, der über viele Seiten hin die feinsten farblichen Abstufungen und stofflichen Beschaffenheiten von Röcken, Hosen, Blusen, Taschen und Frisuren zu schildern wußte, außerdem und immer wieder die Pracht von Blumen, Gärten, Häusern, Tapeten, Gardinen, Möbeln und Treppenhäusern, dieser Autor sah selber aus wie – na: sagen wir – wie ein stellungsloser Kellner. Dabei war die äußerliche Verwahrlosung Prousts weder eine Provokation der Mitmenschen noch ein sublimer ästhetischer Akt, sondern der quasi naturwüchsige Ausdruck einer Verlagerung: Alles, was für ihn zählte, befand sich längst und irreversibel in seinem Innenraum. Seine äußerliche Verkommenheit drückt deshalb nichts anderes aus als das alptraumhaft gesteigerte Entferntsein von den anderen. Nur noch dort, im Innenraum, fand er den Ort der Hingabe, den Ort der

Verausgabung für sich selbst, den Ort der Besessenheit. Die Gesellschaft schreitet nicht gegen Besessenheit von Künstlern ein, weil diese sich nicht gegen sie, sondern nur gegen die einzelnen Künstler selbst richtet; sie ist nicht ansteckend, sie fordert nicht zur Nachahmung auf. Ein in seiner persönlichen Entferntheit produzierender Künstler macht niemandem angst. Die Kunst-Sucht ist die einzige Sucht, aus der keine Volksseuche werden kann: deswegen ist sie erlaubt, deswegen kann sie folgenlos prämiert werden. Sie richtet nur den zugrunde, der sich ihr hingegeben hat. Die Gesellschaft sieht verwundert, gerührt, abgestoßen dabei zu, wie der besessene Künstler am Ende über seinem Werk zerbricht – und hat dann wieder recht damit, die Selbstverzehrung von Künstlern nicht zu den sozialen Techniken zu zählen, die ihr nützen. Allerdings wächst, wer wie Proust sein Leben behält, einem Ereignis entgegen, das dann auch ihm allein gehört; ich meine den von Rilke so genannten eigenen Tod. Proust brauchte nicht besorgt zu sein um sein Sterben, er wußte von seinem Tod seit seiner Kindheit. Und weil ihm der Tod früh vertraut war, konnte er sich frei in sein Verderben stürzen und ein haltloser Künstler werden. Von Proust wissen wir, wie er über vier Jahrzehnte hin gestorben ist; das hat der eigene Tod den bloßen Sterbefällen voraus.

Die Relativität des Glücks

Leben und Schreiben des Italo Svevo

Das Lachen ist nicht mehr ehrfurchtsvoll – es ist Zeichen des Schreckens. Das Lachen ist Ausdruck der Kompromißhaltung, die der Mensch gegenüber dem einnimmt, was ihn abstößt, wenn dieses ihm nicht mehr ernst erscheint.
Georges Bataille, *Madame Edwarda*, 1937

I. Svevos epische Welt

Es gibt neben ihm, vielleicht mit Ausnahme von Samuel Beckett, kaum einen Autor, der die Endlichkeit menschlichen Lebens mit ähnlich duldsamer Fassung hingenommen und beschrieben hat wie der Italiener Italo Svevo. Er hat das Altern, das ins Leben vorverlegte Sterben, mit einer Standhaftigkeit angenommen, als sei das Ende des Menschen die einzige ordentliche Verrichtung, die eine Person zeitlebens zustande bringen kann. Unter den Verfassern der Weltliteratur ist er einer der wenigen, die ihre Leser für nichts einnehmen und von nichts überzeugen wollen. Italo Svevo ist ein Autor ohne Belehrungstonfall. Sein Werk läßt Leser mit verschiedenen Voraussetzungen zu; mancher seiner Texte ist so leicht und einfach, daß er kaum mehr als die Ansprüche gehobener Unterhaltung zu erfüllen scheint. Man kann in sein Gelächter einstimmen, man kann ihn einen Komiker nennen und sonst kaum etwas bemerken.

Svevos literarische Liebenswürdigkeit hat schon manchen Leser verführt, seinen Ernst und seine ausweglose Wahrhaftigkeit nicht zu sehen. Aber Svevos Werk hat viele Seiten; wir wollen ihm nicht dieses oder jenes Etikett aufkleben, an denen es auch seinem Werk nicht fehlt, sondern seine epische Welt kennenlernen.

Mit37 Jahren, 1892, veröffentlichte er in seiner Heimatstadt Trieste seinen ersten Roman *Ein Leben (Una vita)*. Der Verfasser war im Erscheinungsjahr schon seit zwölf Jahren Angesteller der Triestiner Filiale der Wiener Union-Bank, der er danach noch weitere sechs Jahre angehörte. Das Leben der Angestellten in einem italienischen Bankhaus der Jahrhundertwende ist auch der Inhalt des Romans *Ein Leben*. Der Angestellte Alfonso Nitti, die Hauptfigur des Buches, ein junger Mann vom Land, verführt Annetta, die Tochter des Bankiers, schreckt aber vor einer Heirat zurück und nimmt sich stattdessen Urlaub, um auf dem Land (bei seiner Mutter) Besinnung und Abstand zu finden. Alfonso Nitti, der erste Rückzugs-Held im Werk von Svevo, ist nicht darauf aus, die Wirklichkeit nach seinen Wünschen zu gestalten. Durch Abwesenheit läßt er die Welt quasi eine Weile ohne sich weitergehen, und erst bei der Rückkehr erfährt er, was inzwischen geschehen ist: Annetta hat sich mit einem anderen Angestellten der Bank verlobt. Alfonso indessen fühlt sich den neuen, veränderten Gegebenheiten in der Bank moralisch nicht mehr gewachsen und weiß keinen anderen Ausweg als den Selbstmord.

Alfonso reagiert auf Annetta mit tief gespaltener Männlichkeit. Einerseits idealisiert er sie zu einem schönen Engel, der ihn vergessen macht, daß man auf eine Frau auch sachlich angemessen reagieren kann. Andererseits verachtet er sie als Dummchen, das sich einbildet, in den freien Stunden einen Roman schreiben zu können. Entsprechend schwankend und gefühlsmäßig anstrengend ist sein Zugang zu Annetta. Die Verhaltensweisen der Zeit begünstigen die Maskenhaftigkeit der Sitten. Der Roman spielt 1892; das heißt, die Sexualität muß hinter einem Kanon von riskanten Höflichkeiten verborgen bleiben. Zärtlichkeiten muß Alfonso seiner Geliebten »ablisten«, einen Kuß gar »rauben«. Wenn er sie besuchen will, muß er damit rechnen, daß er nicht »vorgelassen« wird; Annetta schickt das Hausmächen zur Tür und läßt ausrichten, sie sei »unpäßlich«. Die jederzeit verfügbare Unpäßlichkeit der Frauen wird nicht nur sichtbar als strategisches Moment für die möglichst vielversprechende Selbstverfügung in die Ehe, sondern auch als unbewußte Rache für die zynische Doppelbödigkeit männlichen Verlangens. In diesem Durcheinander von unsicheren Perspektiven, die das Ich nur einengen, und törichten erotischen Manövern, die ihr Ziel zwar kennen, es aber nicht erreichen dürfen, entfaltet Svevo die Komödie eines Mannes, der immer die vorgeschriebenen Haltungen einnehmen möchte. Dabei verliert er nicht nur das Objekt seiner Begierde aus den Augen; auch gegenüber seinen Kollegen hat er sich auf eine Weise kompromittiert, die er nicht wieder auszugleichen versteht.

Aber, wie immer bei Svevo, ist die ironische Komödie nur die Gegenseite des gewöhnlichen Ernstes. Der Roman *Ein Leben* ist außerdem einer der ersten kritischen Angestellten- und Büroromane der europäischen Literatur überhaupt. Wahrscheinlich war der Roman für seine Zeit zu unerbittlich, und möglicherweise ist er deswegen folgenlos geblieben. (Robert Walsers Angestelltenroman *Der Gehülfe* erschien sechzehn Jahre später, 1908, und konnte ebenfalls nicht angemessen aufgenommen werden.) Svevo zeigt die Angestellten als eine Schar von subalternen Schwächlingen, die immerzu um ihre Positionen besorgt sein müssen. Die Welt ist noch sehr klein, und sie kennen ihren Chef persönlich und verkehren (wie bei Walser) in dessen Privatwohnung. Die Tage vergehen mit Einbildungen und Vermutungen darüber, wie es um die persönliche Einstellung des Chefs zu jedem einzelnen von ihnen bestellt sein mag. Durch die Übernähe zum Betrieb entsteht im Subjekt das Gefühl des Ausgeliefertseins. Alfonso Nitti verschafft sich Entlastung, indem er in kulturell omnipotente Phantasien ausweicht; er ist überzeugt, eines Tages ein philosophisches Werk schreiben zu können, und doch weiß er, daß diese Phantasien nur Wunschträume sind. Besonders nach realen Demütigungen im Büro vertieft er sich in Lektüre: »Wenn er in einem philosophischen Werk las, überkamen ihn größenwahnsinnige Träume. Sie entsprangen nicht seiner Veranlagung des Geistes, sondern waren die Folge der äußeren Umstände, in denen er lebte.« Das war 1892, mitten in der europäischen Hochindustrialisierung, als die weißen Kragen der Angestellten eben erst ihre Täuschungen ausstrahlten, zu klar, zu rücksichtslos, zu schneidend. Wenn nach Gründen gesucht wird, warum sich Svevo nicht schon mit diesem ersten Roman als Autor hat etablieren können, dann muß man sich vergegenwärtigen, daß zur Zeit der Jahrhundertwende ein Angestellter unangefochten die Position eines Aufsteigers vertrat, der sich vor Fabrikarbeit oder Tagelöhnerei hatte retten können. Aus den Angestellten wurde die bewunderte neue Klasse, und deswegen war es kaum möglich, ausgerechnet mit einer unbarmherzigen Kritik dieser allgemein akzeptierten Einschätzung der Angestellten zu avancieren.

Sechs Jahre später, 1898, veröffentlichte Svevo seinen zweiten Roman *Ein Mann wird älter (Senilità)*. Wieder ist sein Held, Emilio Brentani, ein Angestellter, und wieder will dieser Brentani die Gunst einer Frau dauerhaft an sich binden. Allerdings sind diesmal die Gewichte anders verteilt. Die Welt der Angestellten spielt so gut wie keine Rolle mehr. Der 35jährige Emilio, auch er ein Rückzugs-Held, lebt mit seiner unverheirateten Schwester zusammen, für die er sich verantwortlich fühlt. Aus Langeweile beginnt Emilio eine »Affäre« mit der einfachen Angiolina; ganz gegen seine Absicht wird er dieser Angiolina aber mehr und mehr hörig, obwohl diese ihn ein ums andere Mal betrügt. Emilio, der sich aus übergroßer Empfindlichkeit eigentlich nicht mehr recht ins Leben hineintrauen wollte, steht plötzlich mitten im Zentrum jener Schmerzen, die er hatte vermeiden wollen. Der erste Satz des Romans ist bereits eine Bitte um Schmerzvermeidung: »Schon mit den ersten Worten, die er an sie richtete, wollte er sie darauf aufmerksam machen, daß er nicht die Absicht habe, das Risiko einer ernstlichen Liebesbeziehung einzugehen.« In der Spannung dieses Satzes liegt der Widerspruch des Svevoschen Helden; aus Angst vor Schmerzen kommt Brentani diesen immer näher, und durch den unmöglichen und deswegen lächerlichen Versuch, Leben und mithin Lebensschmerz zu verhindern, entsteht Komik. Svevos Figuren fürchten die Bedrohung des Lebens durch Ernsthaftigkeit; ihre Schmerzunlust (Freud) ist so groß, daß sie in lebensverzögernde, lebensverdünnende und lebensumgehende Manöver ausweichen müssen. Sie bemerken dabei nicht, daß auch Lebensverhinderung Schmerzen stiftet, und zwar genau dieselben, die bei direkter Konfrontation mit dem umgangenen Konflikt entstanden wären. Die versuchte Umgehung des Schmerzes schafft aber immerhin Gelegenheit zu individueller Besinnung und Abstand. Das Zögern, das ganz und gar Svevosche Zögern, ist ein durchgehendes Bauelement seiner Prosa. Durch ihr ewiges Zaudern erleben Svevos Figuren immer wieder neue Umwandlungen ihrer Gefühle. Am Ende von solchen Umwandlungsketten haben sie von sich selbst ein authentisches Gefühl und dadurch den Eindruck subjektiver Klugheit, der sich natürlich auch wieder als Täuschung herausstellt. Franz Kafka hat die Auswirkungen von Irrtum und Versäumnis im Leben argloser Personen beschrieben.

Svevo weicht diesen lebensstrukturierenden Mächten (Irrtum und Versäumnis) durch strategisches Zögern vorher aus und erliegt ihnen dann doch: natürlich nicht mit dem Alptraum Kafkas, sondern mit dem Gelächter des milde gestimmten Verlierers, der weiß, daß das menschliche Denken ein kompliziertes System von Mehrfach-Täuschungen ist.

Die Lebensweisen, die sich aus der Schmerz-Umgehung ergeben, sind schwebend, leicht, träumerisch. Manche Ereignisse möchte Brentani am liebsten durch Träume verlängern, andere will er komplett gegen Träume eintauschen. »Jedes Ereignis ist roh, ungeordnet, mißtönend«, schrieb Svevo in seinem leider noch nicht deutsch vorliegenden Tagebuch. Natürlich ist *Ein Mann wird älter* nicht nur ein Roman über den Umgang mit Gemütsschmerzen. Er ist ebensosehr ein Buch über die frei flutende männliche Begierde, über das Umherwildern der Gefühle und – über das Altwerden. Nicht über das wirkliche, physische Altern, über die beleidigende Verringerung des Lebens, über die Svevo erst dreißig Jahre später geschrieben hat. Brentani ist erst 35 Jahre alt, aber er fühlt das kommende Alter als Melancholie einer Schwäche, an deren Rand er eben angekommen ist. Brentani empfindet, daß eine Person seines Alters mehrere einander widersprechende Altersgefühle zugleich hat; das Real-Alter spaltet sich auf in verschiedene Alters*überzeugungen*. Die Regung des Verlangens fühlt sich im Subjekt zum Beispiel immer jünger an als die Regung der sich fast immer uralt fühlenden Erfahrung. Gar nicht zu reden von der ebenfalls sehr alten Regung der Todessehnsucht, die überbeschäftigt ist mit der Vereinheitlichung der anderen Altersgefühle; und Vereinheitlichung heißt endgültige Ordnung, heißt Tod.

Svevo hat sowohl das Konzept der kindischen Naivität als auch das Konzept der ausgefuchsten Greisenvorsicht im Kopf und spielt dem Leser abwechselnd beide Konzepte wie Spielkarten zu. Das Spiel, das dabei gespielt wird, heißt: Anstatt des Lebens gibt es immer nur ein Arrangement von Gelegenheiten. Und das Nachspiel dazu heißt: Jeder, der mehr will als Gelegenheiten, endet in den Labyrinthen der Täuschung. Svevo verlangt von seinen Lesern die Einsicht, daß über biographisch-persönliche Entscheidungen, die zum Zeitpunkt ihres Geschehens als schwerwiegend empfunden werden, im Grunde sofort gelacht werden kann. Dieses Lachen führt er uns in seinen Romanen vor, indem er Figuren zeigt, die ihr Leben durch überraschende Einsichten vorzeitig komödienhaft erleben. Oder, mit Svevo formuliert: Die Figuren werden zu ihren eigenen »lachenden Nebenmenschen«.

Denn »das Leben ist weder häßlich noch schön, es ist originell«, sagt Zeno Cosini, der Held des dritten und letzten Romans von Svevo, wenn wir den fragmentarisch gebliebenen Roman *Der Greis (Il veccione)* einmal nicht mitrechnen. In der Ansicht, daß das Leben lediglich originell sei, kommt wieder die Svevosche Weigerung zum Ausdruck, über reale Enttäuschungen hinaus Tragik zu empfinden oder, anders ausgedrückt, die Mißhelligkeit des Lebens durch selbst fabrizierte Melancholie zu verlängern. Zeno Cosini, ein junger Triestiner Kaufmann, will die schöne Ada heiraten. Während eines geselligen Abends im häuslichen Kreis der Auserwählten macht er (das Zimmer ist verdunkelt: Die Familie unterhält sich bei spiritistischen Übungen) aus Versehen Adas schielender Schwester Augusta die Liebesgeständnisse. Die überraschte Augusta nimmt den Antrag schicksalsergeben an; Zeno Cosini erschrickt zwar kurz, greift aber nicht korrigierend in seine eigene falsche Liebesgeschichte ein, sondern fügt sich dem von ihm selbst eingeleiteten Geschick. Das heißt, das Subjekt weiß nicht, was seine Liebesrealität ist. Als seine Realität kennt er lediglich das innere Gebot, niemanden enttäuschen zu dürfen. Am Ende heiratet Zeno

Cosini nicht Ada, sondern tatsächlich Augusta, ohne sie recht zu begehren und ohne jemals aufhören zu können, sich nach der verfehlten Ada zu sehnen. Aber weil er auch mit Augusta zufrieden, ja glücklich ist, relativiert sich mit fortschreitendem Lebensalter sein Liebesirrtum immer mehr bis hin zu der Überzeugung, daß die falsche Frau eigentlich doch die richtige war: Das Leben ist weder häßlich noch schön, sondern originell. Grundlage der Ironie sind wieder überraschend frei werdende Einsichten in die laufende Überschätzung von Lebensentscheidungen.

Hinter Komik und Ironie ist natürlich Svevos zweiter und dritter Blick spürbar. Die Möglichkeit, die »falsche« Entscheidung zu korrigieren, zieht Cosini wegen zu großer Ehrfurcht vor dem großen, ihn überfordernden Schmerz (in diesem Fall: dem der Trennung von der bereits angenommenen Augusta) gar nicht erst in Erwägung. Die Trennungsidee bleibt aber latent in der einmal getroffenen Entscheidung für einen Menschen immer vorhanden und auch aktivierbar. Im Zentrum des inneren Vorbehalts, den Cosini seiner Ehefrau Augusta gegenüber lebenslang nicht ganz aufgibt, richtet sich nach langen Ehejahren seine Geliebte Carla ein. An und mit Carla entwickelt Svevo das nie endende Taktieren des Subjektes mit dem Trennungsschmerz. Wenn Cosini mit der Geliebten die real gar nicht mehr mögliche Ablösung von seiner Ehefrau halluziniert, wird die Täuschung als die Substanz des Lebens sichtbar: Er hat die Illusion der Trennung auf der Basis einer realen Untrennbarkeit. So kann Cosini seinem Trennungswunsch immer nachgehen, ohne ihn je einlösen zu müssen; er kann seine Täuschungen lieben, ohne an sie glauben zu müssen. Dieses Spiel überschreitet natürlich niemals seine Grenzen; sobald Cosini der Wirklichkeit der Trennung von seiner Ehefrau ein wenig zu nahe kommt, wird die Unlust zu groß und Cosini weicht mit Wonne zurück in die schmerzfreien Zonen der früher geschaffenen Ordnung.

In seinem Todesjahr, 1928, begann Italo Svevo mit der Niederschrift des Romans *Der Greis*, der nicht vollendet wurde, weil Svevo im Alter von 67 Jahren einen Autounfall erlitt und an seinen Folgen starb. Der Greis leidet an der verschärften Aufspaltung seiner Lebensgefühle; er ist einerseits alt, weil ihm die Vitalität des Körpers nicht mehr zu Gebote steht, andererseits aber hält ihn die Erscheinung der Lust psychisch jung und läßt ihn die Schwäche des Fleisches nur schwer akzeptieren. Die Phantasie, das heißt die Lust, ist seinem Leben immer voraus. Diese Widersprüchlichkeit in der Erfahrung macht die Figur des Greises in hohem Maß realistisch-authentisch. Svevos Greis ist weit entfernt von Verklärung oder gar Uminterpretation des Alters – etwa in die segensreiche Summe des Lebens und was es dergleichen mehr gibt. Im Gegenteil. Sein Alltag wird von Schlaganfällen (oder der Furcht vor ihnen) und familiären Demütigungen bestimmt, und der Greis weicht diesem »grauenvollen wirklichen Leben« nicht aus: Er hält ihm stand bis zum Ende. »Ich lebe in demselben untätigen Dahindämmern, in dem man stirbt«, heißt es. Seine Familie erlaubt ihm nicht mehr, seine Meinungen zu äußern. Sein Sohn erklärt ihn gar für »blöd«. Über sein Aussehen gibt er sich keinen Täuschungen hin: »Meine Häßlichkeit ist mir stets gegenwärtig.« Und der bei alten Menschen beliebten Vorstellung, eigene Erfahrungen an die Nachkommenden vermitteln zu können, gibt er sich gar nicht erst hin, nachdem er erleben muß, das Teile seiner Spuren schon zu seinen Lebzeiten von den Jüngeren verwischt werden. Die Meinungen und Verhaltensweisen der jüngeren Familienangehörigen wirken sich unmittelbar lebensverkürzend aus: »Es ist auch schwer, Leute zu lieben, die, von keinerlei Schlaganfall bedroht, einen mit dem Ausdruck hassenswerter Unbeschwertheit bedauern, bemitleiden und sich dabei unterhalten.« Der herannahende Tod rationiert das Leben beinahe von Monat zu Monat; unter dem

Zeichen der laufenden Existenzverknappung wandelt sich das Leben um in bloße Betrachtung. Seine »tägliche Medizin« lautet deshalb: »Ich betrachte die Frauen, die vorübergehen.« Denn die Lust ist es, die am schwersten altert; während das Fleisch schon lange trauert, sucht sie sich immerzu neue Objekte. Dennoch fehlt diesem Greis jegliche Todespanik; es fehlen ihm apokalyptische, religiöse oder mystische Anwandlungen, die sich so gern einstellen, wenn sich Personen vom Leben trennen sollen. Svevos Greis ist identisch mit seinen Schwächen und weiß, daß altes Leben kaum mehr ist als eine rührende Resteverwertung.

Auf der Höhe der Greisenhaftigkeit tritt so etwas wie eine Vor-Todes-Ruhe ein. Der Alte ist nur noch gelangweilt. Die Dinge gleiten an ihm vorbei; »ob man sie ansah oder schlief, kam ungefähr auf eins heraus«. Nicht einmal Jugenderinnerungen plagen ihn mehr; sein Blick ist nach vorne gerichtet, und vorne ist nichts mehr. Womit soll ein Greis seine Tage ausfüllen? Die Menschen sind zu lange alt; sie haben zuviel Gelegenheit, das bißchen aktives Dasein nachträglich zu bedenken. Die Gewißheit des baldigen Todes könnte jeden Alten dazu ermutigen, auch vor schrillen und herausfordernden Befriedigungen nicht zurückzuschrecken. Wenn einmal das Gefühl vorherrscht, daß das Leben aus dem Leim geht, brauchen auch die Erlebnisse nicht mehr zu stimmen. Svevos Greis lernt Felicita kennen, eine Tabakhändlerin, die ihre Einkünfte durch Prostitution verbessert. Der Greis besucht und bezahlt Felicita regelmäßig; das Geld, das er ihr gibt, sind seine Gefühle, die sonst niemand mehr haben will. Seinen Besuchen bei Felicita fehlt jegliches abenteuerlich-verruchte Moment; im Gegenteil: »Ich empfand meinen Entschluß, mir eine Geliebte zu nehmen, so, als schickte ich mich an, in die Apotheke zu gehen.« Die Beziehung zu einer Prostituierten symbolisiert auch die Aussöhnung mit einem Ersatz, dessen Original nicht mehr zu haben sein wird; deswegen sind die Erlebnisse mit Felicita der reale Endpunkt seines Lebens. Felicita ist eine »flüchtige Beziehung«, die »nur dem Zweck dient, sich vor dem Tod zu retten«. Damit antwortet der Svevosche Geist auf die prinzipielle Kränkung, daß jegliche Lebensplanung immer falsch sein muß, weil alles, was der Mensch unternimmt, tendenziell über den Tod hinausweist und dann doch von ihm abgebrochen, nicht: beendet wird. Gegen diese Kränkung hilft nur noch die Aufsplitterung des alt gewordenen Lebens in kleine Einheiten, die von Anfang bis Ende noch erlebbar sind.

Trotz dieser realistischen Melancholie treibt der Greis sein Leben immer wieder in Situationen hinein, in denen sich ein anarchistischer Lebenswitz offenbart, der keine Rücksichten mehr zu nehmen braucht. Liebenswürdig-bösartig sagt ihm Felicita eines Tages: »Weißt du, es graust mir gar nicht vor dir.« Ein paar Augenblicke lang will der Greis daraufhin konventionell gekränkt sein, aber dann findet er zur Wahrheit eines Affekts zurück und flüstert ihr ins Ohr: »Merkwürdig! Auch mir graust es gar nicht vor dir.«

Die Entfaltung des Altersprozesses bestätigt Svevo als einen der großen psychologischen Realisten der Weltliteratur. Wer sich vergegenwärtigt, mit welchen Tricks und Kampagnen sich unsere Gesellschaft um die Tatsachen des Alterns herumdrückt, der begreift, daß die Lektüre dieses Romanfragments beinahe so etwas wie ein subversiver Akt ist; mindestens in diesen unseren Jahren, in denen das Fitneß-Selbstverständnis unserer Gesellschaft inzwischen dazu übergegangen ist, auch noch den physischen Verschleiß der Alten zu dynamisieren. Der Svevosche Greis erlaubt sich, sein Leben unnütz und belanglos zu finden. Müßte er den heutigen Aufmarsch der Therapeuten und Animateure erleben, die ihm die »Freizeit« vertreiben wollten, dann hätte er nur höhnisch und grausam lachen müssen – ungefähr so ähnlich, wie Italo Svevo während des Schreibens oft lachen mußte, wie seine in Trieste lebende, 83jährige Tochter Letizia Fonda Saxio heute noch gern erzählt.

II. Svevos Schreibumstände

Italo Svevo hat noch nicht ganz aufgehört, ein »Fall« zu sein, zumindest in Deutschland nicht. Ein Teil dieses Falles ist, daß es bis heute kein Svevo-Biographie in deutscher Sprache gibt. Wer sich über sein Leben und Werk informieren möchte, muß entweder englische oder italienische Biographien lesen oder sich in der Städtischen Bibliothek in Trieste umsehen, wo es einen Italo-Svevo-Raum mit reichhaltigem Material gibt.

Svevo wurde am 19. Dezember 1861 in Trieste geboren. Seine männlichen Vorfahren stammten aus Deutschland; Adolf Schmitz, Svevos Großvater, ein Rheinländer, war als österreichischer Finanzbeamter nach Treviso gekommen und hatte dort die italienische Rosa Macerata geheiratet. Svevos Vater, Francesco Schmitz, war als Kaufmann in der venetianisch-friaulischen Glasindustrie tätig gewesen. Und Ettore Schmitz, wie Italo Svevo eigentlich hieß, war das fünfte von acht Kindern. Seine Kindheit verbrachte er in der Vielvölkerstadt Trieste, die bis 1918 zu Österreich gehörte. Mit zwölf Jahren wurde Ettore mit seinen Brüdern Adolfo und Elio in ein deutsches Internat nach Segnitz bei Würzburg geschickt (es existiert heute nicht mehr), wo er fünf Jahre blieb. Mit siebzehn kehrte er nach Trieste zurück und begann, Theaterstücke zu schreiben. Der wirtschaftliche Niedergang des Vaters veranlaßte ihn, seine literarischen Pläne vorerst aufzugeben, er wurde Bankangestellter in Trieste.

Svevo galt nur wenige Jahre seines Lebens öffentlich als

Schriftsteller. Es ist ein Kennzeichen des Svevoschen Schreibens, daß es entweder nur zögernd, sehr spät oder gar nicht zur Kenntnis genommen wurde. Die Nichtachtung begann schon zu seinen Lebzeiten und in seinem eigenen Land.

Auf seinen ersten Roman *Ein Leben* reagierte immerhin noch die lokale Kritik. Unglücklicherweise war es ein Charakteristikum von Svevo, daß er zur Fortführung seines literarischen Lebens Lob und Ermunterung der Kritik ganz unmittelbar benötigte. Nur die immerhin örtliche Bestätigung ermunterte ihn zur Niederschrift seines zweiten Romans *Ein Mann wird älter*, der sechs Jahre später wiederum in Trieste erschien. Die ästhetisierende, am sprachlichen Pomp von D'Annunzio orientierte italienische Kritik nahm auch Svevos zweiten Roman nicht wahr. Sie stieß sich an seinem angeblich schlechten Italienisch, an seinem Triestinisch, einer Spielart des venetianischen Dialekts, in der sich deutsche, slawische und friaulische Momente mischen. Ein Mann wie Svevo konnte die Ignoranz der Kritik nicht verstehen; mehr noch: Er konnte sie seinerseits nicht wirklich verzeihen. Dazu war das Schreiben für ihn viel zu sehr ein Instrument der Selbsterhöhung. Er neigte dazu, gerade so wie seine Romanfiguren, äußeren Ereignissen einen übertriebenen Aussagewert zuzugestehen; deswegen mußte er seiner öffentlichen Mißachtung als Autor eine übertriebene private Folgeauswirkung zugestehen.

Svevo war beleidigt und zog sich für rund fünfundzwanzig Jahre aus dem literarischen Leben zurück. Das unverstandene und gekränkte Moment dieses Rückzugs läßt sich aus vielen Mitteilungen erschließen. Klipp und klar vertraute er seinem Tagebuch an: »Der Mißerfolg von Senilità, die ich mit siebenunddreißig Jahren veröffentlichte, brachte mich zu dem Entschluß, die Literatur ganz und gar aufzugeben.« Es gibt noch heftigere, das heißt noch verletztere Eintragungen in diesem

Tagebuch; zum Beispiel: »Ich habe diese lächerliche und schädliche Sache, die man Literatur nennt, aus meinem Leben ausgemerzt.« Ausgemerzt hatte er aber nicht seine Literatur, sondern nur die Idee seiner Karriere mit ihr. 1896 hatte er Livia Veneziana geheiratet, die Tochter des reichen Triestiner Schiffslackherstellers Giochino Veneziani, und mit seiner Heirat hatte sich auch sein Leben verändert. Der Bankangestellte Svevo trat in die Firma seines Schwiegervaters ein und wurde ein erfolgreicher Unternehmer. Die Firma expandierte; außer auf ein paar italienische brachte sie es auch zu einer Londoner Niederlassung. Svevo war selbst geschäftlich oft in London gewesen, und es war notwendig geworden, daß er seine englischen Sprachkenntnisse verbesserte. Und als er sich in Trieste bei der Berlitz-School angemeldet hatte, traf er auf einen Englischlehrer, der für seine andere, schon fast begrabene literarische Existenz eine wunderbare Wiederbelebung war. Es war James Joyce, ein unter schwierigen Umständen lebender Mittzwanziger, der selbst Schriftsteller werden wollte. Vorerst war er aber nur Englischlehrer in Trieste, und das sollte er noch eine ganze Weile bleiben. Joyce und Svevo wurden zwar unpassende, aber aneinander interessierte Freunde. Joyce las dem fülligen, gemütlichen italienischen Industriellen seine Erzählungen vor, und eines Tages traute sich auch Svevo, seinem Englischlehrer seine beiden früheren Romane zum Lesen zu geben. Joyce las sie und erklärte dann seinem überraschten Schüler: »Wissen Sie, daß Sie ein verkannter Schriftsteller sind? Es hat Stellen in Senilità, die selbst Anatole France nicht hätte besser machen können« – so nachzulesen in der Joyce-Biographie von Richard Ellmann. Das Ergebnis dieser Anerkennung war, daß Svevo wieder zu schreiben begann. Innerhalb von vierzehn Tagen (so hat Stanislaus Joyce später mitgeteilt) schrieb Svevo seinen dritten Roman *Zeno Cosini*, der 1923 in Bologna erschien. Noch einmal ignorierte ihn die italienische Kritik. Dafür setzte sich nun Joyce für den Italiener in Frankreich ein; er beauftragte Svevo, seinen neuen Roman an die französischen Kritiker Valery Larbaud und Benjamin Crémieux zu schicken. Tatsächlich schrieben Larbaud und Crémieux begeisterte Rezensionen in Pariser Literaturblättern nicht nur über den neuen, sondern auch über die früheren Romane Svevos.

Die französische Anerkennung kann als späte Wende im literarischen Leben von Svevo verstanden werden. Überrascht und verwundert faßte er neues Selbstvertrauen.

»Er geriet wie ein großes Kind unvermittelt in die sogenannten literarischen Milieus«, schrieb der damals junge Lyriker Eugenio Montale, der Svevos Stimmungsumschwung aus der Nähe erlebte. An Larbaud schrieb Svevo: »Wenn Sie nur wüßten, welch einen Auftrieb Ihre beiden Briefe meinem Leben gegeben haben! Ich habe Senilità wieder gelesen und sehe jetzt das Buch, das ich schon resigniert als ein Nichts aufgeben wollte, in dem Licht, das Ihr Urteil darauf wirft.«

Svevo besann sich wieder auf seine andere, nur angefangene Existenz als Schriftsteller; er schrieb und schrieb, als wäre er nicht schon fast am Ende, sondern erst am Anfang seines Schreiblebens. Die italienische Kritik nahm halb verärgert, halb aggressiv das französische Lob für Svevo zur Kenntnis. Natürlich war es nicht einfach, sich aus dem Ausland über heimische Weltliteratur aufklären lassen zu müssen. Nach der Veröffentlichung von *Zeno Cosini* bis zu seinem Tod im Jahre 1928 blieben Svevo nur noch fünf Schreibjahre. In dieser Zeit entstanden viele Erzählungen, darunter *Kurze sentimentale Reise*, und der unvollendete vierte Roman *Der Greis (Il vecchione)*.

An dieser Geschichte ist nur eines sonderbar und traurig: warum ein Autor, der so souverän war in seinen literarischen Erfindungen, in seiner Stoffwahl und deren Ausführung, warum ein solcher Autor sich freiwillig so abhängig machte vom Zuspruch seiner Zeit. Die Abhängigkeit war so groß, daß sie ihn als Autor fünfundzwanzig Jahre lang außer Kraft setzte, und sie war so falsch und so rührend und so voller Schwäche, daß sie von heute aus nur noch schwer begreiflich erscheint. Als 1927, im Aufwind der französischen Anerkennung, seine vergessenen Romane *Ein Leben* und *Ein Mann wird älter* in Italien wieder aufgelegt wurden, fügte er der Neuausgabe von *Ein Mann wird älter* ein Nachwort bei, in dem er auf seine »schmerzliche Einsamkeit« als Schriftsteller zu sprechen kam. »Ich fügte mich einem so einmütigen Urteil (es gibt keine vollkommenere Einmütigkeit als die des Schweigens) und enthielt mich fünfundzwanzig Jahre lang des Schreibens. Wenn dies ein Irrtum war, dann war es mein Irrtum.« Seine öffentliche Geltung als Autor drückte zugleich seinen privaten Selbstwert aus; im Gespräch mit Joyce formulierte er sein Urteil: »Ich konnte nur den einen Schluß daraus ziehen, daß ich kein Schriftsteller sei.«

Wer diese sonderbare Selbstauslöschung verstehen will, muß hinter Svevos Schriftstellerlaufbahn seine persönliche Sozialgeschichte sehen. Durch seine Erziehung – als Internatszögling hatte er Schiller, Jean Paul, Schopenhauer, Turgenjew und Shakespeare gelesen, später Ibsen, Gogol, Dostojewski und Tolstoi – stand er der Kultur näher als dem Erwerbsleben. Durch Heirat war es dem städtisch gebildeten Kleinbürger Svevo gelungen, sich von der achtzehn Jahre lang währenden Fron niedrig bezahlter Büroarbeit zu befreien. Das »Glück« dieses Aufstiegs war aber nicht besser zu verstehen als zuvor das »Unglück« mit der Literatur; beide biographischen Prozesse speisten sich aus ein und derselben Lebensgeschichte. Die unverstandene Abfolge zwang ihn zu einer Umgruppierung seines Werte-Gefüges, die zwar von den Ereignissen seiner Biographie notwendig diktiert, aber nicht von seiner inneren Überzeugung (die bei der alten

Glückserwartung mit der Literatur blieb) getragen wurde. Die Irritation darüber, daß die Gesellschaft die erwarteten Ruhmesprämien verweigerte, war in Svevos Existenzkalkül nicht vorgesehen. Wie sein Held Alfonso Nitti wollte er mit der Gesellschaft ein Gegengeschäft abschließen: große private Leistung gegen anhaltende öffentliche Anerkennung. Er lieferte zwar die Leistung, aber die Anerkennung blieb aus. Ein ordentlicher Kaufmann wiederholt solche Geschäfte nicht. Es blieb Svevo nichts anderes übrig, als seinen Erfolg als Geschäftsmann irritiert zu akzeptieren und den Mißerfolg mit der Literatur viel zu heftig zu verdammen.

Ein zweites Moment, das zu seiner Melancholie beigetragen haben mag, kam hinzu. Svevo selbst hatte in seinem ersten Roman *Ein Leben* das Kulturbedürfnis der Angestellten lächerlich gemacht und verhöhnt. In diesem Roman gibt es den geschätzten »Mittwoch-Club«, in dem sich die Angestellten treffen, um über die kulturellen Ereignisse der Stadt und ihre eigenen Ambitionen zu plaudern. In diesem Club – und eben nicht bei der Arbeit – werden die Angestellten als Personen sichtbar. Dadurch erscheint die Kultur als hygienische, entlastende Beigabe zum außengeleiteten, entfremdeten Berufsleben. Nach Maßgabe dieser Einschätzung konnte Svevo nicht selbst ein Autor sein, der sich tagsüber als Geschäftsmann abarbeitete, um sich am Abend mit Literatur wieder aufzubauen. Entweder oder. Das heißt, er hätte seine früh erlangte Vorstellung von der Souveränität eines Schriftstellers nachträglich wieder eingeschränkt, wenn er sich im Alter ernsthaft auf Freizeit-Schriftstellerei eingelassen hätte. Übrig blieb nur eine in der Stille weitergepflegte Idee, nämlich die Idee vom Beruf des Künstlers als Sehnsuchtsberuf des unter seinen Beschäftigungen leidenden Erwerbsbürgers.

Diese Idee taucht im Werk immer wieder als Motiv auf. Svevo bevorzugte Helden, die zwar Angestellte oder Kaufleute waren, aber »eigentlich« waren sie verhinderte oder gewesene oder zur Zeit gerade nicht schreibende Schriftsteller. Nicht nur Alfonso Nitti aus *Ein Leben* wollte immer schreiben. Emilio Brentani in *Ein Mann wird älter*, ein »unbedeutender Beamter einer Versicherungsanstalt«, ist ebenfalls eigentlich Schriftsteller, der vor vielen Jahren einen Roman veröffentlicht hatte, der »von den Kritikern der Stadt sehr gelobt worden war«. Der vergreiste, immer mehr hinfällige Pensionär aus der langen Erzählung *Vom guten alten Herrn und vom schönen Mädchen* wird unter Einfluß seines letzten Liebesabenteuers zum Schriftsteller, wenngleich er mit den von ihm geschriebenen Seiten auch nicht mehr glücklich wird. In der umfangreichen Erzählung *Ein gelungener Scherz* ist die kindische Existenz eines auf seinen Erfolg wartenden Schriftstellers ausschließlicher Handlungsinhalt; in diesem Fall ist der Schriftsteller durch das Ausbleiben von Anerkennung auf eine geradezu närrische Weise verletzlich geworden, so daß er schließlich das Opfer eines Scherzes seiner Freunde wird: Sie machen ihm vor, ein deutscher Verleger sei angereist, um seine Werke zu drucken. Er glaubt seinen Freunden, um sich dann, nach der Enthüllung des Scherzes, noch tiefer zurückzuziehen. Diese nicht ausagierten Schriftstellerfiguren sind die Gläubiger von Svevos realem Wunsch, endlich ein Schriftsteller und nichts als dies zu sein. Und in der Nicht-Einlösung dieses Wunsches scheint wieder das Muster des Verzichts und des Rückzugs durch, den Svevo zur wichtigsten menschlichen Bewegung seiner literarischen Figuren gemacht hat.

III. Haltbare Mißverständnisse

Über Svevos Wirkung außerhalb Italiens ist Einigkeit schnell hergestellt: Es gibt sie nicht. *Zeno Cosini* war der erste Roman, der in deutscher Sprache zugänglich war; das Buch erschien 1929 in der Schweiz, ohne jedoch Svevo als neuen Autor im deutschsprachigen Raum situieren zu können. Zu seinen ersten Lesern außerhalb Italiens gehörte Robert Musil, der den *Zeno Cosini*, so steht es in Musils *Tagebüchern*, mit »großem Vergnügen« las. Danach hat sich Martha Musil die italienische Originalausgabe von *Ein Mann wird älter (Senilità)* beschafft, war von diesem Buch aber, wie Musil notierte, »lange nicht so entzückt wie von Zeno Cosini«.

Die zweite deutsche Vorkriegspublikation, ein Band Erzählungen mit dem Titel *Ein gelungener Scherz und andere Novellen* fiel in das Jahr 1932. Im beginnenden deutschen Faschismus konnte aber auch dieses Buch seinen Autor nicht durchsetzen. So verzögerte sich die Präsentation Svevos bis spät in die Nachkriegszeit; erst in den sechziger und siebziger Jahren sind die drei Romane, das Fragment des vierten Romans und zahlreiche Erzählungen erstmals in deutscher Sprache erschienen. Anders als zu Svevos Lebzeiten in Italien wurden sie von der deutschen Kritik verständig und lobend, zum Teil begeistert aufgenommen. Aber wieder stieß Svevo auf eine merkwürdige Reserviertheit, die der einstigen Zurückhaltung der italienischen Kritik nicht nachsteht: Die deutschen Leser, sieht man von einigen Liebhabern ab, nahmen Svevos Werk bis heute nicht an.

Dafür bieten sich zwei Gründe an: zum einen die sperrige Uneinheitlichkeit von Svevos Werk selbst, zum zweiten Svevos durchgehender melancholischer Realismus.

Die Uneinheitlichkeit des Werks verführte sogar geübte Leser zu einseitigen, übereilten Befunden. Wer Svevo erst einmal auf seine entzückende Heiterkeit festgelegt hat (wie die Musils), kommt mit seiner zähen Traurigkeit nicht mehr zurecht. Wieder andere Leser, die sich von Svevos psychologischer Kühle beeindrucken lassen, wissen nicht recht, ob sie über einen solchen

Autor auch lachen dürfen. Der Kritiker Günter Blöcker zum Beispiel nannte Svevo (*Kritisches Lesebuch*, 1962) einen »kalten, unbeteiligten Betrachter«. Das war Svevo auch, besonders in seinem ersten Roman *Ein Leben*. In *Ein Mann wird älter* und in *Zeno Cosini* ist der Betrachter aber weder unbeteiligt noch kalt, sondern im Gegenteil gefühlig, weich und teilnehmend. Svevo hat all diese Haltungen in sein Werk integriert, und zwar doch wohl so, daß keine der Haltungen am Ende werkspezifisch genannt werden kann: nicht die Komik und Heiterkeit (*Zeno Cosini*), nicht die Tragik (*Ein Leben*), nicht die Melancholie (*Ein Mann wird älter*) und nicht die Bitterkeit (*Der Greis*).

Allenfalls der typisch melancholisch-realistische Tonfall zieht sich durch alle Bücher Svevos hindurch. Svevos Realismus beruht auf der Tatsache, daß er von der tragischen Konzeption des Menschen kein besonderes Aufheben gemacht hat. Leben und Literatur waren für ihn Auseinandersetzungen mit den Täuschungen des Anscheins. Die prinzipielle Entwertung des Lebens, die in dieser Haltung verborgen ist, teilt sich den Lesern perspektivisch mit – und schreckt alle ab, die in der Kultur immer noch die Rettung vor dem Alltag suchen. Es ist kein Zufall, daß Franz Kafka, mit dem Svevo oft verglichen wurde, heute ein Volksschriftsteller geworden ist, während Italo Svevo fünfzig Jahre nach seinem Tod noch immer als Geheimtip dienen kann. Svevo hat Realität nicht (wie Kafka) symbolisiert und damit endlos ästhetisierbar gemacht. Hätte er es getan, säßen am Fuße seines Werkes ebenfalls Heerscharen von Interpreten. Aber bei Svevo gibt es nur wenig zu enträtseln, dafür aber um so mehr zu akzeptieren. Der Anblick von Täuschungen, für Kafka ein Greuel, war für Svevo nur ein Anlaß, die Konditionen des Menschen gelassen zu erforschen: realistisch und wahrhaftig auch dann, wenn sich dabei die selbstverständliche Achtung vor dem Leben nicht immer aufrecht erhalten ließ.

Einschluß, meine Herren!

Literarische Arbeit mit Strafgefangenen

Über eine Stunde lang hat die Gruppe konzentriert und spannend gearbeitet. Lothar, einer der Ältesten, hat zum ersten Mal ein wenig ausführlicher über seine enttäuschten Hoffnungen gesprochen. Er hatte sich einst, in den sechziger Jahren, zur Linken gerechnet, er hatte politisch gearbeitet, weil er von der Veränderbarkeit der Gesellschaft überzeugt war. Aber dann war er in die Drogenszene abgeglitten; er konnte, um die schlechte Realität auszuhalten, immer weniger auf Drogen verzichten. Bis ihn eines Tages die Polizei erwischte und er hinter Gitter kam. Wer Drogen nimmt, ist für Lothar kein Krimineller. Deswegen kann er nicht einsehen, warum er im Gefängnis sitzt. Er erklärt ausführlich, daß er mit »Lust-Junkies«, die nur »drücken«, weil sie high und fröhlich sein wollen, nicht verwechselt werden möchte; auch mit »Edel-Junkies«, die »auf Penner und Arbeitslose herabschauen«, will er nichts zu tun haben. Er ist ein »Überzeugungsjunkie«, einer, der glaubt, daß der Drogenkonsum zu den normalen Entlastungstechniken der Menschen gehört. Lothar spricht eindrucksvoll, wir hören ihm zu. Danach entsteht die soundsovielte Fortsetzung der allgemeinen Drogendebatte, in deren Verlauf leider ein rhetorisches Unglück geschieht. Im Eifer des Diskutierens nennt Paul den ebenfalls drogenabhängigen Siegfried den »letzten Dreck«. Die Beschimpfung wirkt wie ein Riß, der augenblicklich durch die Gruppe geht. Die Atmosphäre der Aufmerksamkeit ist zerstört, das Klima der Verständigung ist weg. Siegfried nennt Paul ein »Arschloch«. Paul lacht, Siegfried ist böse. Im Nu sind wir gefangen im Durcheinander der Reden und Gegenreden, der Beschimpfungen und des Hasses. Ich muß die Kontrahenten beschwichtigen, ich muß schlichten, ich muß wieder etwas tun, was ich nicht will und vermutlich auch nicht kann: Ich soll Recht von Unrecht scheiden, damit Ruhe einkehre. Dieser Riß zerreißt fast jede Sitzung. Ich nenne ihn den Riß der Verachtung. Denn der Gefangene Paul, der Siegfried den »letzten Dreck« genannt hat, ist ein Wirtschaftskrimineller, für den Drogenabhängige nicht nur kaum begreiflich, sondern auch verächtlich sind. Im normalen Leben wären Paul und Siegfried einander nie begegnet. Etwas für beide ganz Fremdes, eine Straftat, hat sie zu Nachbarn in einem Gefängnis werden lassen. Jetzt sitzen sie zusammen in meiner Gruppe und sind überrascht, wie sehr sie hassen können. Sie bemerken, daß sie ihre »draußen« erworbenen Wertmaßstäbe erst in der Gefangenschaft richtig ausfechten. Für Paul ist ein Wirtschaftsvergehen viel höherstufig als ein gewöhnliches Drogendelikt. Deswegen ist Paul vor sich selber auf jeden Fall der bessere Mensch. Siegfried wiederum erfährt erst hier und jetzt, daß es für viele Menschen auch eine Hierarchie der Straftaten gibt. Die Schimpfworte fliegen hin und her. Lothar verliert die Spur seiner Jugendgeschichte und verstummt; er streitet auch oft und gern, aber von *diesem* Streit hat er niemals erfahren wollen. Er wartet darauf, daß sich die Menschen endlich wie Brüder und Schwestern behandeln. Und er hatte geglaubt, die so sehr erwartete Solidarität endlich im Gefängnis vorzufinden. Lothars Idee ist: Die von allen gemeinsam getragene Last der Gefangenschaft werde die Insassen von der Notwendigkeit des brüderlichen Lebens überzeugen. Wahr an dieser Idee ist nur, daß Brüderlichkeit in einem Gefängnis besonders dringend gebraucht wird. Und wahr ist außerdem, daß diese Idee nirgendwo abwesender ist als in einem Gefängnis. Eben dieser schrecklichen Entdeckung ist Lothar wieder einmal ausgesetzt. Er muß sie hinnehmen. Es geht ihm schlecht dabei, ich sehe es. Er nimmt seinen Kopf in beide Hände und schaut leer auf den Boden. Links und rechts von ihm geht das Schimpfen und Wüten weiter. Du bist ein Depp. Und du bist ein Totengräber. Wer nicht unmittelbar beteiligt ist, amüsiert sich. Es sieht so aus, als sei ich im Augenblick der einzige, der Lothars Niedergeschlagenheit bemerkt und aufbewahrt. Später, in einer anderen Sitzung, werde ich darauf zurückkommen.

Ich mache keinen Knast im Knast

Durch den Ausbruch der Aggressivität zeigt sich ein neuer, zweiter Riß, der die Gruppe noch einmal gegeneinander aufbringt. Diesmal bin ich es, an dem es etwas auszusetzen gibt. Das meint jedenfalls die eine Hälfte der Gruppe. Für sie bin ich zu wenig autoritär. Die immer wieder ausbrechenden Tumulte sind ein Beleg für diese These. Besonders Hans leidet unter dem Gebrüll, ich kann ihn gut verstehen. Er sagt, daß er oft mit starken Kopfschmerzen in seine Zelle zurückgeht; manchmal verschwindet er sogar vorzeitig, weil ihm alles zuviel wird. Das zwangsweise Zusammensein mit Menschen, die man sich nicht ausgesucht hat, ist eine zusätzliche Strafe, die nicht im Strafgesetzbuch steht. Sie ist eine Vollzugsfolge, die der Gesetzgeber nicht thematisiert. Hans und die anderen meinen, ich müßte viel öfter auf den Tisch schlagen und den Frieden wiederherstellen. Die andere Hälfte findet nicht, daß ich strenger durchgreifen soll. Das möchte ich auch nicht, und ich sage es. Ich bin kein Polizist, kein Ankläger, kein Lehrer, kein Verteidiger und kein Richter, ich gehöre nicht in das System des Gefängnisses, und ich wende seine einzige Methode nicht an: die des Einschlusses und des Ausschlusses. Ich sage: Ich mache keinen Knast im Knast. Der Wunsch nach mehr Ordnung und Zurechtweisung ist nur die oberste Schicht des tief sitzenden Bedürfnisses nach absolut gültigen Regeln und Inhalten. Wenn der Utopist Lothar, der mit meiner nicht-autoritären Praxis einverstanden ist, wieder einmal seine Wilhelm-Reich-Taschenbücher mitbringt und behauptet, daß Wilhelm Reich die Welt erlöst hätte – und mit dieser story überhaupt nicht ankommt, dann schaut auch der liberale Lothar auf mich und erwartet plötzlich Autorität von mir. Ich soll seine Meinung abstützen, und zwar so unabweisbar, daß endlich auch die anderen an die Möglichkeit eines befreiten Lebens glauben. Und weil ich das nicht tue, sondern im Gegenteil auch noch darauf hinweise, daß es ein befreites Leben nicht gibt, dann habe ich nicht nur für Lothar meine Stellung als Instanz wieder einmal verspielt. Allerdings habe ich ein Thema gewonnen, über das wir wieder sinnvoll sprechen können: Wie wir Enttäuschungen hinnehmen können. Deswegen kann ich später auch sagen, daß es überhaupt nicht darauf ankommt, wer was von Wilhelm Reich oder sonst jemandem hält. Im Gegenteil. Ich sage: Freiheit ist nur möglich, wenn man im Denken damit aufhören kann, sein eigener Verfolger zu sein. Plötzlich wird es wieder still in der Gefängnis-Bibliothek. Die Atmosphäre der Aufmerksamkeit ist wieder da, man hört mir zu. Und ich erschrecke ein bißchen, weil ich plötzlich spreche wie jemand, der zur Lebenskunde befähigt scheint. Diesen Anschein muß ich wieder zerstreuen. Ich bitte darum, auch mir nicht zu glauben, und zitiere Kant: Habe Mut, dich deines Verstandes zu bedienen. Gegen meine eigenen Thesen sage ich: Jeder, der etwas zu beteuern beginnt, verdient Mißtrauen. Fast immer ist in der Beteuerung ein Interesse verborgen, das der Beteuernde nicht enthüllen mag. Niemals hätte ich geglaubt, daß ich solche »Ratschläge« erteilen würde. Mein Auftrag war, etwa 450 gefangenen Männern das Angebot einer »besonderen« Beschäftigung zu machen: Ich sollte in der Justizvollzugsanstalt Bremen-Oslebshausen eine »Literatur-Gruppe« aufbauen. Was ist eine Literatur-Gruppe? Und was ist eine Literatur-Gruppe in einem Gefängnis? Das weiß ich selbst nicht, aber ich habe das Angebot ohne Zögern angenommen. Zwei Vorstellungen hatte ich, von denen ich glaubte, daß sie das Leben von Gefangenen berührten. In beiden Fällen handelt es sich um Berufserfahrungen. Das eine ist die Vertrautheit mit Isolation. Das zweite geht aus dieser Isolation hervor: Schreiben ist eine Form der Intimität mit sich selbst. Ohne Isolation keine Intimität, ohne Intimität keine Isolation. Und: Ohne das eine und ohne das andere ist schriftstellerische Produktivität nicht möglich. Wir treffen uns jeden Samstagnachmittag in der Gefängnis-Bibliothek. Kurz vor Beginn der Arbeit holt deren Leiter die interessierten Gefangenen aus ihren Zellen und bringt sie herüber in den kleinen Versammlungssaal. Wahrscheinlich ist die Bibliothek der Raum mit der geringsten Ähnlichkeit mit einem Gefängnis. Dennoch ist eine Täuschung darüber, daß wir in einem Gefängnis sind, auch hier nicht möglich. Auch am Hosenbund des Bibliotheksleiters hängt ein Bündel mit Schlüsseln und dem sogenannten »Knochen«, dem Hauptschlüssel, der für alle Türen paßt. Auch wir werden, wenn wir Platz genommen haben, eingeschlossen. Ich hatte Angst davor, daß viel zu viele kommen würden. Aber dann erschienen zehn bis fünfzehn Mann; mehr hätten es auch nicht sein dürfen.

Günther ist ein schmaler, großer, dunkelhaariger Mann von etwa dreißig Jahren mit nervösen, flattrigen Bewegungen. Er macht, wahrscheinlich ohne Absicht, einen leicht überheblichen Eindruck. Zum ersten Mal in seinem Leben ist er in einem Gefängnis; und zwar wegen einer Straftat, die acht Jahre zurück liegt. Deswegen versteht auch er kaum, warum er nach so langer Zeit noch bestraft wird. Leider macht er den Fehler, die anderen Gefangenen spüren zu lassen, daß er sie für Luft hält. Er unterstreicht die Distanz, indem er seinen Beruf nennt: Er ist Kameramann, sagt er. Das ist für die anderen, von denen viele keinen Beruf haben, schon zuviel. Jemand sagt zu Günther: Du bist höchstens n' Kabelschlepper. Ein anderer sagt: Wahrscheinlich ist er nur ein Bettnässer. Günther nennt alle, die ihn verunglimpfen, kurzerhand Arschlöcher. Ich muß fürchten, daß nun wieder der übliche Schlagabtausch folgt. Aber diesmal gelingt es mir, die allgemeine gegenseitige Verhöhnung in eine Diskussion über das Fernsehen umzubiegen. Wenn wir schon einen Kameramann hier haben, werden wir von ihm vielleicht Auskünfte aus erster Hand bekommen. Aber leider sagt Günther über das Vermittlungsproblem, das zwischen der Realität und ihrer Abfilmung besteht, kein Wort. Es existiert für ihn gar nicht. Er stellt sich als reiner Fernsehkonsument dar. Und er behauptet, ohne TV wüßte er nicht, wie es »draußen« zugeht. Nun zweifle auch ich, ob Günther wirklich Kameramann ist. Lothar legt wieder die große Elle an; er behauptet, die Anstaltsleitung setze das Fernsehen bewußt ein, um den Insassen allmählich die Individualität auszutreiben. Die Gruppe glaubt Günther nicht und auch Lothar nicht. Ich mache darauf aufmerksam, daß es in keinem Medium eine Eins-zu-eins-Abbildung geben kann, weil jedes Medium seine Mitteilungen zusammenziehen, das heißt »verdichten« muß. Ein Filmautor muß die Stellen, an denen er Abbildung »verkürzt« hat, durch den Schnitt kenntlich machen. Deswegen ist jede abgefilmte Realität eine Fälschung. Aber ich merke schnell, daß Medienkunde nicht ankommt. Es entsteht Unruhe, man unterhält sich oder unterbricht mich. In diesen Augenblicken gleichen die Häftlinge allen anderen Menschen: Sie lieben ihre Vorurteile und wollen nichts Neues denken. Deswegen wollen sie auch keine Details hören. Vielleicht kommt es ihnen auch unredlich vor, eine einmal angenommene Meinung wieder aufzugeben. Nach Monaten höre ich von Beamten, daß die Anstaltsleitung das Fernsehen wie eine Mannschaft von Hilfswärtern einsetzt. Wer mindestens drei Monate hier ist, wer normal arbeitet und auch sonst nicht auffällt, hat Anspruch auf einen Apparat. Das Fernsehen zieht die Insassen am Abend pünktlich in ihre Zellen. Ein Beamter sagt mir, die Anstaltsleitung hat auf diese Weise eine komplette Schicht von Beamten, die sonst für den späteren Einschluß sorgen müßten, eingespart. Ab sechs Uhr abends herrscht Ruhe in den Häusern; man sitzt, genau wie »draußen«, vor dem Kasten.

Niemand will ein Anfänger sein

Von Anfang an stelle ich klar, daß es nicht unser Ziel sein kann, aus Gefangenen Schriftsteller zu machen. Ich denke, wir sollten vorliterarische Formen des Schreibens üben, Formen also, die eingesperrten Menschen unmittelbar nützlich sind: das Tagebuch, den Brief, die persönliche Notiz, vielleicht mal ein kleines Gedicht. Das Ziel sollte nicht der fertige und wieder verwendbare Text sein, sondern die private Selbstbeschäftigung, in der sich zwei wichtige Momente zugleich einlösen: die persönliche Selbstwahrnehmung *und* die sinnvolle Überbrückung von Zeit.

Aber meine Vorstellungen werden als unadäquat empfunden. Die Gefangenen wollen von Anfang an professionell schreiben. Sie waren nie Schriftsteller gewesen, aber jetzt wollen sie sich als solche betätigen. Auf Anhieb schreiben sie Gedichte, Erzählungen, Hörspiele und Romananfänge. Ich erschrecke und ändere mein Konzept. Wenn sie glauben, schon Schriftsteller zu sein, dann muß ich sie als solche behandeln. Es kann nicht mein Ziel sein, ihnen einen falschen Anspruch auszureden. Bis zum Zeitpunkt einer kritischeren Selbstwahrnehmung gelten sie als Schriftsteller. Ich brauche Monate, bis ich erkenne, was sich hinter der angemaßten Profession verbirgt: Niemand will ein Anfänger sein – schon gar nicht in der Literatur-Gruppe. Das Schreiben erscheint plötzlich als leicht zugängliche Entschädigung für ein Leben, das ihnen versagt geblieben ist. Die Literatur wird etwas, das man sich bloß zu nehmen braucht. Und weil wir plötzlich alle Fachleute sind, tue ich etwas, was ich in dieser Form nicht hatte tun wollen: Ich doziere über das Schreiben. Ich gebe Ratschläge und Hinweise zum Problem der poetischen Erfindung, zu Fragen der Technik und der Ökonomie. Zwischendurch sage ich einfache Sätze, mit denen jeder, der wirklich schreiben will, etwas anfangen kann. Zum Beispiel diesen: Verwenden Sie am Anfang kurze Sätze. Oder diesen: Guter, abwechslungsreicher Stil ist eine rhythmisch gestaltete Abfolge von kurzen *und* langen Sätzen. Und diesen: Kontrollieren Sie jeden Satz, den Sie aufs Papier geschrieben haben, ob er wirklich das ausdrückt, was Sie haben sagen wollen, oder ob der Satz nur dasteht, weil er Ihnen als erstbester Satz eingefallen ist. Hinter diesem Tip steht eine Frage, die ich mich vorerst nicht zu stellen traue: Ob sie glauben, daß sie sich ausdrücken können. Diese Frage interessiert die Gefangenen vorerst nicht. Sie wollen produzieren, und zwar so schnell wie möglich und soviel wie möglich.

Der schweigsame Christian überreicht mir in jeder Sitzung eine Liste mit den Titeln von zwölf bis fünfzehn Kurzgeschichten, die er bis zum nächsten Mal geschrieben haben will. Und tatsächlich, beim nächsten Zusammentreffen liefert er fünfzehn handgeschriebene Kurzgeschichten ab. Und wieder eine Liste mit zehn oder zwölf Titeln von neuen Kurzgeschichten, die er bis nächste Woche fertig haben will – und auch fertig hat. Vorlesen oder zur Diskussion stellen will er seine Texte nicht. Er nimmt auch nicht an den Debatten teil. Er sitzt da, betrachtet die Leute und schweigt. Von Zeit zu Zeit schenkt er Kaffee nach. Auch Günther produziert rasend. Von Woche zu Woche schreibt er neue Gedichte und Märchen. Vorigen Samstag hat er sich zum ersten Mal »Schriftsteller« genannt. Ich glaube, er hat nicht bemerkt, daß ich deswegen zusammengezuckt bin. Vor ein paar Monaten hatte er noch nie eine Zeile geschrieben. Günther ist genau in die Falle gegangen, vor der ich gewarnt hatte. Aber vorerst sitzt er in der Annehmlichkeit einer schnell behaupteten Identität und will mit mir nur noch als Kollege sprechen. Und ich muß zugeben: Günther ist nicht ohne Talent. Seine Gedichte taugen nicht viel, aber seine Märchen sind erstaunlich und komisch und voller Erfindungsreichtum. Ich stelle ihm einen Kontakt zum Kinderfunk eines Radiosenders her. Und ich treffe mich mit ihm separat vor Beginn der Sitzung und sage ihm, woran er verstärkt arbeiten muß. Seine Texte sind brauchbar, aber es hapert mit der Orthographie und der Zeichensetzung. Ich weise Günther darauf hin, daß es im Gefängnis eine Schule gibt und daß er dort einen Deutschkurs belegen soll. Dann könnte er seinem Gefängnis-Aufenthalt einen optimalen Sinn abgewinnen. Aber Günther weist meinen Vorschlag zurück. Er behauptet, für Orthographie sei er nicht zuständig. Redakteure, die Manuskripte von ihm gut finden, hätten auch die Aufgabe, seine Rechtschreibfehler zu korrigieren. Dazu sind sie doch da, oder nicht? Und außerdem, behauptet Günther, würde er, falls er im Knast einen Deutschkurs besuchte, auch anerkennen, daß er zu Recht im Gefängnis sitzt, und eine solche Anerkennung muß er verweigern. Das hatte ich vergessen! Jeder Gefangene ist mindestens einmal am Tag davon überzeugt, daß er zu Unrecht einsitzt. Diese Überzeugung darf niemand anzweifeln; anders könnten sie das Eingesperrtsein nicht aushalten. Ich spüre, daß Günther mich in diesen Augenblicken nicht ganz ernst nimmt. Er hat gerade entdeckt, daß ein Schriftsteller in ihm steckt, und ich komme mit dem lächerlichen Vorschlag, daß er etwas lernen soll. So leicht läßt er sich seine fabelhafte Identität nicht ankratzen. Deswegen fange ich noch einmal von vorne an. Ich erkläre, daß er die Arbeit von Redakteuren falsch einschätzt. Ihre Aufgabe besteht nicht darin, fehlerhafte Manuskripte auszubessern, sondern darin, unter mehreren guten Manuskripten das beste auszuwählen. Ich rede und rede und merke, daß Günther nicht mehr zuhört. Seine Nervosität erlaubt ihm nicht, ein paar Informationen sachlich aufzunehmen. Mit fahrigen Bewegungen verläßt er den Raum.

Die unerbittliche Drogendebatte

Günther ist es auch, der sich bald über Verlauf und Charakter unserer Sitzungen beschwert. Er möchte, daß sich die Literatur-Gruppe in eine Schreibwerkstatt verwandelt. Er vermißt konkreten Schreibunterricht; er will wissen, wie man ein Hörspiel schreibt, ob man noch reimen soll oder nicht und wie man an einen Verlag herankommt. Und er möchte seine Texte vorlesen und über sie sprechen, er braucht ein Echo, daß seine neue Identität als Autor in der Gruppe aufgenommen und anerkannt wird. Genau damit hat er Pech. Sein Anspruch wird von den anderen verlacht, sein Geltungsdrang verhöhnt. Es ist ein schwerer Schlag für Günther, aber er gibt nicht auf. Er kritisiert, daß die Gruppe zu oft, nachdem der eine oder andere Text vorgelesen und besprochen worden ist, den literarischen Zusammenhang verläßt und allgemeine Knastprobleme diskutiert, insbesondere das Drogenthema. Er, Günther, gehört zur kleineren Fraktion der Nichtdrogenabhängigen, die es leid ist, an dieser Debatte teilnehmen zu müssen. Das ist der dritte Riß, der die Gruppe fast jedesmal teilt. Einmal pro Sitzung landen wir bestimmt bei der »Dame Heroine«, die von den einen geliebt und von den anderen verabscheut wird. Erwartungsgemäß ergreift Lothar das Wort. Er nennt das Gefängnis ein »Drogen-KZ«, das die Gesellschaft aus zwei Gründen aufrecht erhalte: Erstens müßten die Arbeitsplätze der in der Justiz tätigen Menschen gesichert werden und zweitens müßten die Drogengefangenen als lebende Abschreckung für die »draußen« lebenden Menschen dienen. Lothar verlangt die Legalisierung der Drogen beziehungsweise die Zulassung von Ersatzstoffen. Der Staat soll an die Drogenabhängigen Bezugsscheine austeilen, mit denen sie ihren Stoff in jeder Apotheke abholen können. Nach einer Weile beendet er seine Rede und sagt, daß er nicht die ganze Zeit von sich sprechen wolle. Aber das ändert nichts mehr am weiteren Verlauf der Sitzung. Wieder ist das Drogenthema dran. Günther resigniert. Er und andere schauen auf mich. Es ist klar, was sie von mir verlangen. Ich soll die Drogen-Leute zur Ordnung, das heißt zur Literatur zurückrufen. Ich rufe sie nicht zur Ordnung. Wir sind in einem Gefängnis, in dem mehr als die Hälfte aller Gefangenen wegen Drogenkriminalität einsitzt. Ich kann nicht ausgerechnet dieses Thema ausklammern wollen. Günther nimmt seine Manuskripte und bittet darum, in die Zelle zu dürfen. Der Bibliotheksleiter steht auf und ruft telefonisch einen Beamten herbei, der Günther vorzeitig abholt.

Das Privileg des eigenen Hemdes

Auch Max, ein etwa fünfzigjähriger, stets frisch rasierter und sauber gekämmter Unternehmer, beteiligt sich nicht an der Drogendebatte. Er sitzt in seinem frisch gewaschenen Jogging-Anzug da und wartet darauf, daß er belehrt, unterhalten oder amüsiert wird. Unter allen Teilnehmern hat Max die festeste Identität. Deswegen schreibt er auch nicht. Er kommt in die Gruppe, um sich ein bißchen Abwechslung zu verschaffen. Max ist zum ersten Mal in seinem Leben in einem Gefängnis und ist über dessen Wirklichkeit sehr erschüttert. Manchmal beschwert er sich über fast alles. Und er macht naiv klingende Verbesserungsvorschläge, über die die anderen Gefangenen lachen müssen. Ich überlege, ob ich ihm einmal ein paar bekannte Gefängnisromane mitbringen soll, zum Beispiel die von Jean Genet, Hans Fallada oder Albertine Sarrazin, in denen über das Gefängnis immer dasselbe steht: daß es ein regloser, stummer und grausamer Ort ist, der nicht »verbessert« werden kann. Aber dann fällt mir wieder ein, daß Max über die Realität von Gefängnissen nichts erfahren will. Auch er ist überzeugt, daß er zu Unrecht hier ist. Seine Sätze fangen fast immer so an: »Als ich zuletzt in den USA war ...« Oder so: »Wenn ich eine Anweisung erteile ...« Und auch so: »Der Betrieb, den ich leite ...« Solche Sätze sind *sein* Zeichen dafür, daß er kein gewöhnlicher Gefangener ist, sondern ein Unternehmer, der im Rahmen seiner Geschäfte leider ein paar Monate hier verbringen muß. Heute wird Max nicht seiner Satzanfänge wegen angegriffen, sondern wegen seines – Jogging-Anzugs. Die anderen Gefangenen begnügen sich mit der gewöhnlichen Anstaltskleidung: blaue Hose, blaue Jacke. Max dagegen ist privilegiert; er trägt Privatkleidung. Insassen dürfen eigene Kleidung nur dann tragen, wenn Verwandte oder Freunde die schmutzig gewordene Wäsche regelmäßig abholen, sie zu Hause waschen und wieder in die Anstalt bringen. Denn Privatkleidung wird im Gefängnis nicht mitgewaschen. Nur wenige Gefangene werden regelmäßig besucht. Die Scham der Angehörigen hält einer solchen Anforderung in der Regel nicht lange stand. Ein Gefangener mit Privatkleidung ist ein Gefangener mit regelmäßigen Außenkontakten. Er ist ein Besonderer, der einen Rest seines früheren Lebens hat retten können – einen wichtigen Rest, den er gut verborgen jeden Tag bei sich tragen kann. Der junge drogenabhängige Peter nimmt Anstoß an Maxens Jogging-Anzug. Peter, der immer nur die hauseigene Einheitskluft auf dem Leib hat, nennt Max einen »Kapitalisten« und einen »Rolex-Typen«. Max bleibt souverän. Er nimmt die Vorwürfe hin und schweigt. Peter ahnt nicht, daß es gerade der Jogging-Anzug ist, dem Max das Gefühl seines Abstands verdankt. Natürlich geht es um mehr als nur um den Jogging-Anzug. Das Provozierendste an Max ist, daß er sich offenkundig eine Zukunft jenseits der Mauern noch vorstellen kann. In vielen Sitzungen ist Max der einzige, der ganz sicher ist, daß seine Erstinhaftierung die einzige seines Lebens bleiben wird. Die meisten anderen Gefangenen sitzen seit vielen Jahren ein; dann und wann waren sie zwar mal »draußen«, aber sie sind immer wieder zurückgekommen. Über diesen unheimlichen Mechanismus soll nun auch Max belehrt werden. Das ist der vierte Riß, der die Gruppe jedesmal spaltet: Die Mehrzahl der Gefangenen hat mit dem Leben außerhalb des Gefängnisses abgeschlossen; es ist für sie zu einem Traum geworden. Max dagegen ist kaum aus dem Gleichgewicht zu bringen. Für ihn ist die Haft kein endgültiger Bescheid, sondern nur eine Belehrung. Er hört sich die düsteren

Prophezeiungen der Mitgefangenen an und bleibt kühl. Niemand bemerkt, daß er, während er beschimpft wird, genüßlich an seinem Hemd riecht. Endlich, nach einer knappen Viertelstunde, verstummen die Angriffe. Am Schluß der vorigen Sitzung hatte ich Fotokopien des Aufsatzes »Über die allmähliche Verfertigung der Gedanken beim Reden« von Heinrich von Kleist verteilt. Über diesen Aufsatz wollen wir heute sprechen. Max ist froh, daß endlich ein anderes Thema an der Reihe ist.

Bin ich ein Textbeamter geworden?

Der stille Christian, der von Sitzung zu Sitzung einen kleinen Stapel neuer Kurzgeschichten mitbringt und bei mir abliefert, ist ins Gerede gekommen. Er soll Lothar denunziert haben. Während wir über Christians Verhalten sprechen, bedient Christian wie üblich die Kaffeemaschine und teilt Tassen, Löffel und Gebäck aus. Christians gemeinschaftliche Gesinnung ist wie immer vorbildlich. Aber er soll einen Brief von Lothar abgefangen und ihn der Anstaltsleitung hinterbracht haben, heißt es. Auch ich erwarte, daß Christian zu den Vorwürfen Stellung nimmt. Nein, ich erwarte es eigentlich nicht mehr. Ich weiß inzwischen, daß Christian zu fast hundert Prozent in seiner Innenwelt lebt. Zu Hause habe ich in einem seiner Texte gelesen, daß er sich für einen »Schweiger« hält. Auch jetzt verliert er die Ruhe nicht und schweigt weiter. Lothar verlangt von mir Christians Ausschluß aus der Gruppe. Ich erinnere an einen Grundsatz: Es gibt, solange die Gruppe tagt, keinen Knast im Knast, also auch keinen Ausschluß. Ich kann den Vorwurf gegen Christian nicht nachprüfen, und Christian selber spricht nicht. Das muß bedeuten: Alles, was außerhalb der Gruppe geschieht, ist sozusagen exterritorial und hat deswegen innerhalb der Gruppe keine Folgen. Ich sage: Solange ich die Gruppe leite, wird hier niemand ausgeschlossen. Lothar nimmt es zur Kenntnis und entschuldigt sich. Christian schenkt Kaffee ein, nimmt neben mir Platz, hört zu und schweigt weiter. Wieder packt er eine Kollektion neuer Kurzgeschichten aus und übereicht sie mir. Und während der Sitzung notiert er die Titel von zehn Geschichten, die er bis zum nächsten Mal fertig haben wird. Ich fürchte, Christian bemerkt nicht, daß er mir unheimlich wird. Ich weiß nicht, was er damit verbindet, indem er mir immer wieder neue Texte überreicht. Offenkundig bin ich für ihn ein Textbeamter geworden, der mit seinen Werken schon etwas Rechtes anstellen wird. Aber was? Hoffentlich stellt er sich nicht zuviel vor! Vor kurzem habe ich im Radio einen Bericht über das Projekt eines Malers gehört, der in einem nordrhein-westfälischen Gefängnis gearbeitet hat. Das Überraschendste für ihn war, sagte der Maler, daß die Teilnehmer seines Kurses glaubten, sie werden, sobald sie »draußen« sind, als Maler existieren können. Das Ich-Gefühl der Gefangenen ist so schwach, daß sie nach jedem Angebot greifen müssen. Und wahrscheinlich sind sie überfordert, wenn sie den Wert dieser Angebote für sie selber auch noch abschätzen sollen. Vielleicht geht die schnelle Aneignung neuer Identität noch viel tiefer – und ist damit in einem gewissen Sinn auch wieder harmlos. Das soll heißen: Vermutlich will hier niemand ernsthaft Schriftsteller werden. Sie wollen sich nur dafür halten dürfen, weil sie sich an irgend etwas halten müssen. Das Schreiben ist ein Spiel, das ein paar Monate lang gespielt werden kann.

Ein Schlüsselerlebnis bitte

Niemand kann mir sagen, wie nützlich die Arbeit ist, die ich mit den Gefangenen hier leiste. Der einzige, der sich bislang geäußert hat, war Lothar. Er kommt, sagt er, weil er hier seine »Erfolgserlebnisse« hat, von denen er von Woche zu Woche »lebt«. Die anderen sagen nichts. Nach Monaten der Abwesenheit ist der drogenabhängige Heinz wieder da. Er war am Anfang ein paar Mal dabei gewesen und war dann nicht mehr gekommen. Jetzt höre ich von ihm, daß er inzwischen »draußen« gewesen ist und vor kurzem wieder eingeliefert wurde. Er hat versucht, eine Arbeit und eine Wohnung zu finden, und er hatte keinen Erfolg. Jeder, berichtet er, der mit ihm gesprochen hat, habe an seinem Slang sofort gehört, wo er herkommt. Deswegen, sagt er, ist er jetzt wieder in der Literatur-Gruppe, weil hier eine andere als die übliche Knastsprache gesprochen wird. So gut mir diese Mitteilung gefällt, so sehr erschreckt mich eine andere. Ich höre, daß allein drei Gefangene, die früher regelmäßig mitgearbeitet haben, nur deswegen nicht kommen, weil sie mit Lothars Dominanz nicht fertig werden. Es ist wahr, Lothars Rededrang ist oft so stark, daß andere Gefangene über ein paar Bemerkungen oft nicht hinauskommen. Vorige Woche hat der stille Franz zu Lothar gesagt: »Ich müßte dich eigentlich niederschlagen, damit ich auch mal zu Wort komme.« Und wenn sie dann endlich sprechen, die anderen, fällt ihnen kein anderer als Lothar ins Wort. Der Ausruf »Laß' mich bitte ausreden!« wird dann zur meistgehörten Bitte. Und doch ist es vor allem Lothar, der Leben und Spannung in die Gruppe bringt. Zwischen den Anmaßungen und Borniertheiten, die er fast jedes Mal hervorbringt, hat er immer wieder Augenblicke beeindruckender menschlicher Authentizität, die er dann auch noch ausdrücken kann. Gerade redet er darüber, wie sinnlos Therapien seien. Andere Gefangene stimmen ihm zu. Sie alle haben schon versucht, ihre Sucht loszuwerden, viele sogar mehrmals und immer wieder ohne bleibenden Erfolg. Und obwohl sie überzeugt sind, daß kein Psychologe an den unnahbaren Kern ihrer Sucht herankommt, beginnen sie doch immer wieder eine neue Therapie. Denn wer sich therapieren läßt, gilt als besserungswillig und hat interne Vorteile. Und außerdem gibt es doch den einen oder anderen, für den die Therapie der Anfang des Ausstiegs war. Auch Lothar kämpft, ich weiß es, um das Ende seiner Sucht. Er kämpft sogar mit unorthodoxen Mitteln, die in keinem Handbuch erwähnt sind. Er wartet auf ein Schlüsselerlebnis, sagt er. Nur mit diesem Wort hat Lothar es geschafft, die Gruppe erneut zu seinem Publikum zu machen. Ein Schlüsselerlebnis – was soll das sein? Es ist auf jeden Fall etwas, was im geregelten Ablauf einer Therapie nicht vorkommt. Ein Schlüsselerlebnis ist ein individueller geistiger Akt, der aufgrund seiner einmaligen inneren Stärke eine Fixierung (zum Beispiel an Drogen) aufheben kann oder soll. Ein Schlüsselerlebnis ist etwas, was nicht von anderen oder von außen kommen kann; man muß es selbst zulassen oder sogar herbeiführen. Nötig ist dazu jenes »zögernde Geöffnetsein« des Bewußtseins, von dem Siegfried Kracauer einmal gesprochen hat. Lothars Ideen gefallen mir. Ich bestärke ihn und rede ihm zu. Ich denke, wer auf ein Schlüsselerlebnis wartet, wird eines Tages auch eines haben können: Das Warten ist die Form seiner Ermöglichung. Das kann nur heißen, daß sich Lothar, obwohl er oft ganz anders spricht, noch nicht aufgegeben hat.

Einer macht den »langen Schuh«

Zu Hause überlege ich, was ich dazu tun kann, damit Schlüsselerlebnisse zustande kommen können. Ich denke an eigene Schlüsselerlebnisse, die fast immer mit Literatur zu tun hatten oder von ihr ausgelöst wurden. Es waren oft bedeutende Sätze, die mich plötzlich veranlaßt haben, bestimmte Dinge anders zu sehen. Deswegen stelle ich eine Handvoll großartiger Sätze zusammen und schreibe sie untereinander auf ein Blatt Papier. Es ist ein Satz von Simone Weil dabei: »Der Ekel in allen seinen Formen ist mit das kostbarste Elend, das dem Menschen als eine Leiter zu seinem Aufstieg gegeben ist.« Und ein Satz von Ludwig Wittgenstein: »Jeden Morgen muß man wieder durch das tote Gerölle dringen, um zum lebendigen warmen Kern zu kommen.« Und einer von Martin Heidegger: »Je tiefer die Trauer, je rufender die in ihr ruhende Freude.« Und einer von Goethe: »Unser ganzes Kunststück besteht darin, daß wir unsere Existenz aufgeben, um zu existieren.« Und am Ende ein Satz von Sigmund Freud: »Das Programm, welches uns das Lustprinzip aufdrängt, glücklich zu werden, ist nicht zu erfüllen, doch darf man – nein, kann man – die Bemühungen, es irgendwie der Erfüllung näherzubringen, nicht aufgeben.« In jedem Satz steht das Leben (beziehungsweise: seine Anschauung) auf der Kippe. In jedem Satz ist die gleiche bedeutende Idee verborgen: Die Aufforderung, eine andere Möglichkeit zuzulassen. Eben darin, denke ich, könnte der Same eines Schlüsselerlebnisses liegen. Ich fotokopiere das Blatt und verteile an jeden Teilnehmer ein Exemplar. Aber ich habe kein Glück, jedenfalls nicht heute. Man redet über Günther, den Mann, der Märchen und Gedichte schreibt. Er hat letzte Woche den »langen Schuh« gemacht, das heißt: Er ist »auf Flucht«. Er hatte Ausgang und ist nicht zurückgekehrt. Die Reaktionen in der Gruppe sind überwiegend negativ. Max war selber ein Jahr lang auf Flucht und weiß, daß man in dieser Lage viele Freunde und viel Geld braucht. Franz sagt, daß Günther, die »dünne Haut«, jetzt wohl »endgültig ein Krimineller« werde: Anders als durch neue Kriminalität wird er den Druck der Illegalität nicht aushalten. Plötzlich tritt Schweigen ein. Es ist, als würden die Gefangenen eine Art Gedenkminute für Günther abhalten. Sie starren auf das Blatt mit den Schlüsselsätzen, die in diesen Augenblicken sehr weit von ihnen entfernt sind.

Zwei Wochen später ist Lothar extrem deprimiert. Er ist schweigsam und knastmüde wie keiner sonst. Er rechnet vor: Seit siebeneinhalb Jahren sitzt er ein; eineinhalb Jahre muß er noch »abmachen« – dann ist er frei und hat doch nicht lernen können, was das sein könnte: frei. Jemand sagt zu ihm: Du darfst die Hoffnung nicht verlieren. Lothar lacht verächtlich. »Hoffnung allein ist Schwachsinn«, sagt er; »es gibt nur Geld und Macht, und wenn ich Geld und Macht habe, habe ich auch Hoffnung, sonst nicht.« Die anderen reden auf ihn ein und reden doch nur an ihm vorbei. Dann nennt Lothar sein eigentliches Problem: »Ich bin nicht sicher, ob ich noch einmal jemandes Liebe gewinnen kann.« Der Satz legt sich wie Schnee auf uns. Es ist jedem hier klar, daß Lothar die Hauptsorge jedes Insassen beim Namen genannt hat. Dann fügt Lothar hinzu: »Ich häng mich in der nächsten Zeit weg.« Ich habe von Gefangenen schon viele fürchterliche Sätze gehört; man darf sich von ihnen nicht selbst gefangennehmen lassen. Sie sind ebenso schnell ausgesprochen wie vergessen. Aber diesmal weiß ich nicht: Wie ernst muß man den Satz von Lothar nehmen? Ich habe inzwischen gelernt, daß ich auch deswegen hier bin, damit Menschen extreme Sätze aussprechen können, die sie sonst für sich behalten müßten. Ich bin das kleinste erreichbare Publikum. Allerdings weiß ich, daß sich Lothar in einer bedrückenden Lage befindet. Seine Eltern sind weit weg und kümmern sich kaum um ihn. Andere Personen, die ihm nahe sind, gibt es offenbar nicht. Man hat ihn im Gefängnis praktisch vergessen. Wenn es so etwas wie das Erbarmen gäbe, müßte Lothar vordringlich davon erfahren. Drei Wochen später erfahre ich, daß Lothars Ankündigung kein leeres Gerede war. Er hat sich eine Pulsader aufgeschnitten, und zwar »fachmännisch«, wie ein Mitgefangener sagt, »der Länge nach«. Zum

Glück ist er rasch entdeckt und behandelt worden. Zwei- oder dreimal ist Lothar der Literatur-Gruppe fern geblieben. Jetzt ist er wieder da und stellt seinen Selbstmord-Versuch wie eine Unterhaltungs-Nummer dar. Endlich ist etwas mit ihm geschehen, sagt er. Er war im Krankenhaus, man hat ihm den Arm genäht, man hat ihm das Gelenk verbunden, man hat sich um ihn bekümmert. Natürlich weiß hier jeder, daß der Selbstmord-Versuch ein Schrei nach Hilfe war. Aber wer soll hier schon wirklich helfen? Ich meine: Nicht nur einmal wöchentlich über Literatur und Schreiben reden, sondern richtig und wirklich helfen?

Ich muß den Mund halten

Eine Woche später zieht mich Lothar vor Beginn der Gruppenarbeit hinter ein Regal und fragt mich, ob ich ihm dreißig Mark leihen kann. Ich vermute, daß Lothar das Geld braucht, um seinen nächsten Schuß zu finanzieren, und will ihm die dreißig Mark deshalb nicht geben. Zugleich weiß ich, daß die Droge für Lothar zur Zeit die einzige Möglichkeit ist, sich aus dem Knastzusammenhang herauszuphantasieren. Dennoch will ich ihm das Geld nicht geben. Da zeigt mir Lothar seine kaum verheilte Wunde am Arm und spricht vage davon, daß man ihn umbringen will. Ich sage ihm, daß niemand ihn umbringen will. Wir führen einen kurzen, irrsinnigen Dialog, in dessen Verlauf mir klar wird, daß Lothar zur Zeit über keine adäquate Wahrnehmung verfügt. Deswegen gebe ich ihm das Geld schließlich doch und habe ein schlechtes Gefühl dabei. Ich komme nur einmal wöchentlich für zweieinhalb Stunden und kann selbstverständlich nicht die Probleme eines Gefangenen lösen. Außerdem muß ich fürchten, daß die anderen Gefangenen die Aktion bemerkt haben und daß sie eine Bevorzugung Lothars nicht dulden werden. Ich darf mich nicht zu sehr in das Innenleben des Knasts hineinziehen lassen. In Wahrheit schreitet meine Verwicklung immer weiter voran. Vor vier Wochen haben sich, während die Gruppe diskutierte, zwei Gefangene plötzlich entfernt. In der Toilette haben sie sich eine Spritze gesetzt. Das ist leicht möglich, weil wir, solange wir als Gruppe tagen, zwar eingeschlossen, aber nicht bewacht sind. Das unkontrollierte Zusammensein ist ein Zugeständnis des Anstaltsleiters. Er hält mich für eine »Integrationsfigur«. Vielleicht glaubt er, daß die Gefangenen, solange sie bei mir sind, »so etwas« einfach nicht tun. Und die Gefangenen glauben, daß ich nicht bemerke, was sie machen. Beim ersten Mal habe ich es tatsächlich übersehen. Ein anderer Gefangener hat mir einen Tip gegeben. Vor vierzehn Tagen ist es erneut passiert, und diesmal habe ich es selbst bemerkt. Muß ich, wenn sich solche Übergriffe häufen, den Anstaltsleiter informieren? Werden wir dann unter Bewachung arbeiten müssen oder wird die Gruppe aufgelöst? Mir fällt meine eigene Maxime ein, von der ich, als ich sie aussprach, nicht gewußt habe, daß sie eines Tages für mich selber gelten könnte: Es gibt keinen Knast im Knast. Wenn ich mich an meine Maxime halten will, muß ich den Mund halten. Aber ich will auch nicht den Mißbrauch der Literatur-Gruppe hinnehmen. Und erst recht nicht will ich mich in die Rolle eines Aufsehers zwängen lassen, der Verbote und Mahnungen ausspricht. Oder muß ich mir allmählich die Frage stellen: Wie naiv bin ich eigentlich?

Das Blümelein am Wegesrand

Ein Gefangener möchte wissen, ob man das Wort »Blümelein« heute noch verwenden kann. Die meisten nehmen keinen Anstoß an dem Wort. Ich sage, daß ich das Wort »Blümelein« nicht verwende. Warum? Das Wort gehört – wie »Brünnelein«, »Mägdelein«, »Kinderlein« und manches andere – zu einer Gruppe pseudoromantischer Verkleinerungswörter, deren Vergangenheit nicht mehr ganz unproblematisch ist. Zum Beispiel kommen viele von ihnen in Soldatenliedern vor, die zu absolut unromantischen Gelegenheiten abgesungen worden sind – um es mal so zu sagen. Na und? fragt Werner. Ich erkläre, daß es Worte gibt, die ihren einstigen Schein von Reinheit, ihre Ursprünglichkeit und Naivität eingebüßt haben, und zwar durch die Art ihrer Verwendungsweise, ihres »Einsatzes«. Und es kann mir nicht wohl dabei sein, Wörter zu verwenden, von denen ich weiß, daß sie schon dazu haben herhalten müssen, Unterdrückung und Unheil entweder zu verschleiern oder zu überspielen. Meine Vorbehalte kommen nicht an. Kurt sagt, ich sei zu empfindlich. Ein Blümelein ist ein Blümelein und damit Schluß. Ich muß ein wenig weiter ausholen: Die Sprache, die jemand spricht, ist ein Teil seiner Innenwelt, die, wenn sie ausgesprochen wird, nach außen dringt. Genau, sagt Lothar. Wer dieser Ansicht zustimmt, muß auch hinnehmen können, daß ein Sprecher gewisse Wörter, die er für mißbraucht oder gar für besudelt hält, nicht mehr so ohne weiteres in seinem Sprachschatz dulden mag. Wörter können ihre Unschuld verlieren durch das, was mit ihnen gemacht worden ist. Kurt sperrt sich weiter. Das Blümelein kann doch nichts dazu, sagt er, daß es mißbraucht worden ist. Ganz recht, antworte ich; es geht auch nicht um das Blümelein selber, das immer noch am Wegesrand steht, sondern um seinen Namen, um das Wort, das es nennt. Kurt ist nicht zufrieden. Auch die Sprache kann nichts dazu, sagt er, daß einzelne Wörter mißbraucht worden sind. Richtig, sage ich, die Sprache selber ist unschuldig, aber ein Sprecher muß, sage ich, seine Sprachverwendung und seinen Wortschatz daraufhin überprüfen, mit wem er den Gebrauch eines Wortes teilt und mit wem er sich gemein macht, indem er dieses oder jenes »belastete« Wort gebraucht. Aber ich bemerke, daß ich Kurt nicht überzeuge. Ich dringe nicht durch. Daß es »besudelte« oder »belastete« Wörter gibt, will man mir nicht abnehmen.

Drei Minuten lang die Stimmen von schrägen Vögeln

Eine Reporterin eines privaten Rundfunksenders hat von unserer Arbeit gehört und will eine Sendung über sie machen. Die Gefangenen sind begeistert. Zum ersten Mal haben sie die Möglichkeit, die Öffentlichkeit auf ihre Lage aufmerksam zu machen und über sich selber zu sprechen. Im Auftrag des Privatsenders soll ich fragen, wieviel Gefangene bereit sind, vor dem Mikrofon zu sprechen. Es melden sich fast ein Dutzend. Bald kommt die Reporterin mit einem Aufnahme-Gerät in das Gefängnis und unterhält sich eineinhalb Stunden lang mit den Gefangenen. Man ist angetan von ihrem Interesse und ihrem Engagement. Um so unverständlicher ist den Gefangenen das Ergebnis ihrer Arbeit. Ganze zwei oder drei Minuten sind es, die die Reporterin von ihrem Material verwendet hat. Peter sagt einen Satz, Lothar sagt zwei Sätze und ich sage auch einen Satz, dazwischen ein bißchen Moderation. Dann wieder Musik. Das war alles. Die Gefangenen sind niedergeschlagen. Es ist der Eindruck entstanden, daß die Medien nicht wirklich an ihnen interessiert sind. Beziehungsweise: Man hat sich nur ein wenig von ihrem Knast-Grusel ausgeliehen. Drei Minuten lang die Stimme von schrägen Vögeln im Programm – das ist doch nicht schlecht. Einen solchen Tupfer inmitten des allgemeinen Gedudels nennen Redakteure eine »Farbe«. Als Grund für diesen Zynismus vermute ich: Die Gesellschaft möchte alles wissen, aber wirklich genau will sie nichts wissen. Nach der Radio-Erfahrung läßt sich die optimistische Annahme, daß die Medien »Realität« vermitteln, nicht mehr aufrecht erhalten. Haben wir inzwischen vielleicht gar keine Gesellschaft mehr, sondern nur noch ein riesiges, nach Interessen abgestuftes Publikum, das immerzu aufnehmen und sofort wieder vergessen will? Kaum zwei Wochen später meldet sich das Fernsehen. RTL plus möchte über unsere Literatur-Gruppe einen Film drehen. Ich frage den Redakteur, wie lang sein Beitrag werden soll. Eineinhalb Minuten, antwortet er. Ich mache ihn darauf aufmerksam, daß er es mit den Schicksalen von mehreren Menschen zu tun hat, die er nicht mit drei hurtigen Sätzen abfertigen kann. Er belehrt mich: In eineinhalb Minuten kann man sehr viel erzählen. Ich widerspreche ihm: In eineinhalb Minuten können Sie höchstens die Namen und Orte nennen und drei verbindende Sätze sagen. In der nächsten Sitzung mache ich die Gefangenen mit der Anfrage des Fernsehsenders bekannt. Als ich die Länge des geplanten Beitrags nenne, brechen die Gefangenen in Gelächter aus. Es wird keinen Film über sie geben.

Etwas hat ihnen die Sprache verschlagen

Ein paar Tage später, zu Hause, leuchtet mir plötzlich ein, daß der Exkurs über »belastete« und »besudelte« Worte an den Gefangenen hat vorbeigehen müssen. Jeder, der im Gefängnis sitzt, büßt nicht nur eine Strafe ab; er bezahlt außerdem für etwas, wofür er selber nichts kann, er bezahlt für die Defizite seiner Sozialisation. Oder, mit den Worten des Psychoanalytikers Tilmann Moser: »Sehr viele Rechtsbrecher waren ursprünglich Betrogene, deren Aggressivität ihre Wurzel in tiefen Entbehrungen hat.« Deswegen müssen Gefangene froh darüber sein, daß sie *überhaupt* zu Wörtern und Sätzen kommen, die sie sagen können. Sie können sich nicht auch noch damit beschäftigen, die endlich gefundenen Worte nach ihrem sittlichen Status zu untersuchen. Es ist den Gefangenen anzusehen, daß sie gerne sprechen würden, aber es ist auch zu sehen, daß es in ihrem Leben etwas gibt, das ihnen die Sprache verschlagen hat. Jürgen ist einer von ihnen. An ihn denke ich oft, obwohl er bis jetzt kaum etwas gesagt hat. Wenn die Gruppe diskutiert, steht Jürgen manchmal auf und geht eine Weile in der Bibliothek umher. Dann setzt er sich wieder, blättert in einer Zeitschrift und raucht eine Zigarette nach der anderen. Jürgen ist noch nicht dreißig. Er ist tätowiert bis zu den Fingerspitzen. Seine Zähne hat er verloren, wahrscheinlich bei einer Schlägerei. Wenn Jürgen sein Gebiß nicht dabei hat, sind seine Worte kaum zu verstehen. Aber auch mit Zähnen bringt er nur fahrige Sätze hervor. Das Gefängnis kann ihn vor nichts schützen, auch nicht vor sich selbst. Vor ein paar Wochen glaubte er plötzlich, wir wollten ihn nicht mehr in der Gruppe haben. Besonders Max verdächtigte er der Intrige und Quertreiberei. Sein Argwohn führte zu einem grotesken Zwischenfall: Jürgen schmierte Klebstoff in das Zellenschloß von Max, so daß dieser nicht ohne weiteres seine Zelle verlassen konnte. Ein Eingesperrter sperrt einen anderen Eingesperrten noch einmal ein. In dieser Episode zeigt sich ein Zipfel der besonderen Verzweiflung, wie sie nur in Gefängnissen möglich ist. Leider griff Jürgen nicht nur zum Klebstoff. Einige Zeit später verletzte er einen Mitgefangenen mit einer Rasierklinge. Dafür mußte Jürgen ein paar Tage in die Arrestzelle und durfte ein paar Mal nicht an den Sitzungen der Literatur-Gruppe teilnehmen. Jetzt ist er wieder da, schweigsamer und verstörter denn je. Er steht sichtbar unter dem Einfluß von beruhigenden Arzneimitteln. Manchmal schläft er fast ein. Er friert und schwitzt abwechselnd. Deshalb zieht er seine Jacke nicht aus. Ich wage nicht, das Wort an ihn zu richten. Ich hoffe, daß er – nein, ich hoffe nichts, denn es ist sinnlos, für jemanden auf dem Papier etwas zu hoffen. Ich wünsche, daß er – nein, ich wünsche auch nichts, denn es ist noch sinnloser, jemandem auf dem Papier etwas zu wünschen. Ich warte nur, daß Jürgen wieder zu sich kommt.

Das Geringste, das ein Mensch braucht, ist eine Adresse

An einem Dienstag abend geschieht, womit ich schon länger gerechnet habe: Günther, noch immer »auf Flucht«, steht vor meiner Tür. Ich bitte ihn in die Küche und frage ihn, ob er Hunger hat. Nein, danke; essen will er nichts, ein Glas Bier trinkt er gerne. Günther ist gut gekleidet und nervös wie immer. Er sagt, daß er tagsüber auf der Straße lebt und daß er die Nächte in Kellern und Speichern verbringt. Ich sage nicht, daß ich an seinen Auskünften zweifle. Lebte er wirklich so, wie er es beschrieben hat, dann hätte er sich schon längst in eine stadtstreicherartige Figur verwandelt. Aber die dunkle Jacke, die er trägt, ist ihm lediglich eine Spur zu groß, sonst aber ohne Makel. Ebenso die Hose. Wahrscheinlich fällt Günther nicht mehr auf, daß er auch dann schwindelt, wenn er es gar nicht müßte, weil das Lügen zu den selbstverständlichen Verhaltensweisen eines Fliehenden gehört. Günther kann die Kontakte, die er noch im Gefängnis zu Rundfunkanstalten und Verlagen geknüpft hat, nicht weiter verfolgen. Das Geringste und zugleich Wichtigste, was ein Mensch zum Leben benötigt, ist eine Adresse. Er fragt, ob ich in seinem Namen seine Angelegenheiten betreiben könne. Ich lehne ab, und ich muß ablehnen. Ich sage Günther, daß ich das Problem der Illegalität für ihn nicht aus der Welt schaffen kann. Ich sage ihm, was ich schon im Gefängnis über ihn gehört habe und was ich für zutreffend halte: Daß er vermutlich nicht die Statur dazu hat, über längere Zeit das Leben eines Verfolgten zu führen. Ich rate ihm, ins Gefängnis zurückzugehen. Mein Argument ist einfach: Er wird früher oder später Fehler machen und der Polizei in die Hände fallen. Dann muß er unfreiwillig zurück – und hat sich nur eine verschärfte und wahrscheinlich verlängerte Gefängnisstrafe eingehandelt. Günther sagt, daß er das Gefängnis nicht länger aushält. Er hat alles zerrissen, was er im letzten halben Jahr geschrieben hat. Es hat nichts getaugt, sagt er, ich habe zu schnell geschrieben. Und: Kaum war ich draußen, war auch mein Selbstbewußtsein wieder da, und dann konnte ich auch wieder besser schreiben. Ich antworte, daß er die Zähne zusammenbeißen und seine Reststrafe absitzen soll. Er verneint und entwirft einen unwirklichen Plan; er will nach Österreich und dort solange leben, bis seine Straftat verjährt ist. Ich antworte, daß ihn das Problem der Illegalität in Österreich genauso plagen wird wie hier. Aber Günther geht auf mich nicht ein. Er sagt, in Österreich gebe es viel weniger Polizisten als hier, er werde dort leicht untertauchen können. Die Schlichtheit seiner Vorstellungen erstaunt mich. Noch einmal sage ich ihm, wie absehbar sein Schicksal sein wird, wenn er es nicht schafft, über seinen Schatten zu springen. Dann sagt er: Wenn ich ins Gefängnis zurück muß, werde ich sterben; aber wenn ich schon sterben muß, dann wenigstens in der Freiheit. Darauf kann ich nichts mehr erwidern. Wir trinken unsere Gläser leer und schauen uns an. Ich kann Günther nicht klarmachen, daß es gar nicht um Leben und Tod geht, sondern um ein paar Monate Knast, die ihm noch fehlen, damit er wieder unbehelligt leben kann. Ich kann ihm nicht sagen, daß es die Unaufgeklärtheit seiner panischen Selbst- und Welterfahrung ist, deren Opfer er ist. Wir schauen uns immer noch an und sagen nichts mehr. Nach einiger Zeit bittet er um Geld. Ich sage ihm, daß er mich nicht mehr besuchen solle. Ich gebe ihm, was ich gerade in der Tasche habe, dann verläßt er die Wohnung.

Von Hans, der kaum eine Sitzung versäumt, habe ich nie viel erfahren. Einmal, ziemlich am Anfang, hat er erwähnt, daß er sich mit Esoterik beschäftigt. Ich weiß, daß er schreibt. Aber er fühlt nicht den Drang, seine Texte vorzustellen. Ich bin nicht sicher, ob seinem Schweigen eine überlegte Idee zugrunde liegt oder ob es Zeichen für eine Hemmung ist. Und weil ich dazu neige, Schweigen als Teil eines gewählten Habitus zu respektieren, habe ich Hans monatelang nicht angesprochen. Aber heute, ich weiß nicht warum, will ich die Stummheit zwischen ihm und mir aufheben. Ich frage ihn direkt, ob er nicht auch einmal eigene Texte vortragen möchte. Und Hans weiß sofort eine Antwort: Das tut er nur, sagt er, wenn dazu das Ave Maria abgespielt wird. Die Antwort macht mich so perplex, daß ich nichts zu sagen weiß. Ich ahne nur, Hans' Auskunft trifft die Tätigkeit des Schreibens an einem zentralen Punkt. Ich kann nicht einmal zurückfragen, ob Hans sich mit dem Abspielen einer Platte begnügte oder ob ein richtiges Orchester anreisen muß. Ich antworte nur, daß ich mich bei der Anstaltsleitung erkundigen werde, welche Möglichkeiten bestehen. Leider wird auch Hans verspottet. Das Ave Maria für einen Knacki! Hans verteidigt sich, obwohl zu spüren ist, daß ihm alle Erklärungen lästig fallen. Vermutlich denkt er: Schweigen wäre, wie fast immer, besser gewesen. Ich fühle mich ein wenig mitschuldig daran, Hans zu einer Entblößung gedrängt zu haben. Leider stehen mir in der erforderlichen Schnelligkeit nicht die Argumente und Einfühlungsleistungen zur Verfügung, die notwendig sind, um Hans zur Seite zu springen. Erst später fällt mir ein, warum mich Hans' Idee so frappiert hat. Es sind darin, denke ich, fünf Momente enthalten, die die Spannung zwischen dem Künstler und der Gesellschaft berühren. Erstens: Das Beifallsbedürfnis des Künstlers; sein merkwürdiger und ungerechtfertigter Anspruch auf vermehrte Aufmerksamkeit. Zweitens: Die durch dieses Beifallsbedürfnis eingeschränkte Souveränität des Künstlers; es genügt der Anerkennungsdrang eines einzigen Künstlers, um die Idee von der Autonomie der Kunst für unseriös zu halten. Drittens: Der Ausdruck der im Künstler objektiv vorfindlichen Begabung, die er nicht zurückhalten kann, sondern veräußerlichen muß, um den allgemeinen Vorrat menschlicher Leistungen zu vergrößern. Viertens: Die Bitte um Verzeihung für den Ausdruck eben dieser Besonderung, die den Künstler in den Augen der zuschauenden anderen sozial auffällig macht. Und fünftens: Der Künstler muß alle diese Momente vor ihrer eigenen Verflüchtigung ununterbrochen retten und kann (oder: muß) deshalb seine Arbeit betonen, wo und wie er kann – und sei es unter Abspielung des Ave Maria. Jetzt, da ich Hans' Idee besser verstehen und würdigen kann, möchte ich noch einmal auf das Ave Maria zu sprechen kommen. Aber die Gruppe ist längst bei einem anderen Thema angekommen. Hans hört wieder zu und schweigt: wie fast immer. Ich muß hoffen, mit ihm später noch einmal sprechen zu können, vielleicht separat. Ohnehin ist die heutige Sitzung gleich zu Ende. Draußen, hoch über dem Gefängnishof, kreisen wieder die Möwen. Sie haben herausgefunden, daß Gefangene – manchmal aus Wut und manchmal aus Faulheit – Teile ihrer Lebensmittel aus ihren Zellenfenstern heraus- und in den Hof hinunterwerfen. Niemand stört die Vögel dabei, wenn sie sich die Brotstücke und Wurstreste holen, die in den Höfen herumliegen. Da kommt auch schon ein Beamter, stößt den »Knochen« in das Schloß der Bibliothek und öffnet die Tür. Er schaut in die Runde und sagt die drei Worte, die unsere Sitzung für heute beenden: Einschluß, meine Herren! Die Gefangenen erheben sich und verabschieden sich von mir. Ich bin der einzige, der wieder nach Hause darf.

III

Abstand gibt es nicht im Sonderangebot

Rede zum Bremer Literaturpreis

Während der Arbeit an dieser Dankrede stieß ich in der Frankfurter Allgemeinen Zeitung auf einen Satz, der mich ins Zentrum meines Themas versetzte. Der Satz lautet: »Die Ohnmacht des einzelnen grenzt ans Unerträgliche.« Interessant fand ich, daß die Zeitung den Satz nicht kommentierte; sie rechnet damit, daß jedem, der den Satz liest, schon etwas zu ihm einfallen wird. Schließlich hat jeder so etwas wie ein persönliches Ohnmachtswissen. Der Satz unterstellt, daß die einzelnen mit dem Ganzen noch irgendwie verbunden sind. Irgendwie, sonst ein ungenaues Wort, ist hier ausnahmsweise genau. Denn das schwer faßliche Ganze ist es, das uns mit Ohnmachtsgefühlen heimsucht, mit ganz verschiedenen obendrein. Die Auswahl ist groß. Die einen fühlen sich ohnmächtig, wenn sie zur Kenntnis nehmen müssen, wie schlicht es in den Köpfen unserer Terroristen zugeht; die anderen empfinden Ohnmacht, fast täglich, weil sie der Sprachnot eines Bundeskanzlers ausgesetzt sind. Wieder anderen genügt eine halbe Stunde auf einer deutschen Autobahn, und sie haben das ohnmächtige Gefühl, einer ständig größer werdenden Bande von Freizeitkriminellen ausgeliefert zu sein.

Oder sind immer mehr einzelne mit dem Ganzen gar nicht mehr wirklich verbunden? Spielen viele ihre Zugehörigkeit zu den anderen nur noch? Weil es ihnen zu schwer gemacht wird, die Verbindung zum Ganzen, zur Mehrheit zu halten? Ich frage. Sie kennen vielleicht den Satz des schweizerischen Dichters Robert Walser: »Niemand ist berechtigt, sich mir gegenüber so zu benehmen, als kennte er mich.« Der Satz spaltet unsere Gefühle. Wir wollen ihm zustimmen und ihn zugleich verwerfen. Wir möchten (einerseits) keineswegs so empfindlich sein, daß wir die anderen vor unserer Empfindlichkeit warnen müssen. Und (andererseits) möchten wir schon darauf hinweisen, daß wir, jeder einzelne von uns, mehr sind als nur das Exemplar einer Gattung. Modern ausgedrückt: Wir möchten nicht glauben, was zur Zeit viele glauben, daß das Subjekt zu Ende erklärt ist. Der Satz von Robert Walser weist auf gespaltene Verhältnisse in uns selbst. Wir wollen uns unserer Eigenart erfreuen und zugleich nicht mit ihr auffallen müssen. In diesem Konflikt steckt das Zentrum jeder Individuation. Wir beanspruchen formal das Recht auf Privatheit und wollen nicht angeben, worin diese positiv besteht. Privatheit ist Geheimsache; gerade darum ist sie individuell. Und doch bringt der Wunsch nach Privatheit (wie jeder Wunsch) sofort eine mit ihm verschwisterte Angst hervor. Es ist die Angst, vielleicht etwas gegen andere denken oder gar tun zu müssen, *indem* wir etwas für uns selber tun. Politisch ausgedrückt: Wir ziehen es vor, unsere Subjektivität zu verbergen, weil wir uns nicht gegen Mehrheiten stellen wollen.

Wer diesen Konflikt spürt, ihn aber nicht aushalten kann, gehört zu den vielen Menschen, die nur unfreiwillig einzelne sein können. Sie kämpfen gegen die Übermacht von tief in uns eingesenkten Vorstellungen, die uns noch im Traum davon überzeugen, daß die Verständigung mit den anderen immer wichtiger ist als die Verständigung mit uns selbst. Es ist ein bedeutsames Zeichen, daß wir mit den Arbeiten von Jürgen Habermas und Niklas Luhmann gleich zwei neue Gesellschaftstheorien vorliegen haben, aber keine einzige Subjekttheorie, nicht einmal eine unzureichende. Wenn wir am Diskurs über die schmerzende Wirrnis der Lebenden teilnehmen wollen, müssen wir zu Büchern von Nietzsche und Freud greifen, zu Werken zweier Autoren also, die im ersten Fall etwas mehr, im zweiten etwas weniger als hundert Jahre alt sind. Und dies, obgleich wir davon ausgehen können, daß die gesteigerte Komplexität der Lebenden genauso verstehensbedürftig ist wie die mit gleich zwei neuen Theorien erklärte Gesellschaft, in der die einzelnen zu leben angehalten sind.

Der Grund für diese Bevorzugung ist einfach: Der Ordnungsbedarf der Mehrheit ist sowohl dringlicher als auch einfacher zu lösen. Politisch ausgedrückt: Eine Gesellschaft kann man notfalls befrieden, einzelne nicht. Und weil es soviel einfacher ist, sich mit anderen zu verständigen als mit sich selbst, gibt es so viele Politiker, Künstler, Sportler, die sich brillant mit jedem Publikum verstehen, ohne je mit sich selbst vertraut worden zu sein. Den routiniertesten Publikumsvirtousen sieht man es sogar an, wie groß ihre Genugtuung darüber ist, im Kontakt mit vielen anderen sich selbst so glatt entrinnen zu können. Und dafür auch noch belohnt zu werden. Die Gesellschaft applaudiert jedem, der Übereinstimmung mit sich für weniger wichtig hält als Übereinstimmung mit anderen. Einzelne, die in diesem Punkt anderer Meinung sind, nennen wir gerne »weltfremd«. Was Weltfremdheit ist, wissen bei uns schon Kinder, obwohl sie nicht sagen können, was Welt und was Fremdheit je für sich sind. Das ist Ergebnis eines bloß technischen Sprachgebrauchs, dem Kennzeichnung immer näher ist als Wahrnehmung. Für das Gegenstück zur Weltfremdheit gibt es nicht einmal ein Wort, obwohl der Kern des Gegenstücks: der Widerspruch im Subjekt, längst ein Massensymptom geworden ist, für das sich die Massen aber nicht interessieren können, weil es bei uns als nicht verheißungsvoll gilt, sich mit der Archäologie des eigenen Selbst zu beschäftigen. Wir müßten dann entdecken, daß wir im Innersten Schwererziehbare sind. Obwohl wir jeden Tag gezähmt werden, verwildern wir gleichzeitig. Die Vielen, die es nicht schaffen, das Schwanken ihres Ichs als Zentrum ihrer Person hinzunehmen, überantworten ihre Innenwelt der komfortablen Gesellschaftsseele, die von allem, was das Individuum ausmachen könnte, nichts wissen mag. Jeder Staat geht davon aus, daß wir uns ähneln oder einander gar gleich sind. Und es schreckt uns nicht, daß die Annahme, wir seien ähnlich oder gar gleich, zu oft schon zu einer faktischen Verschlechterung unserer Verhältnisse geführt hat. In jeder Zusammenfassung von Menschen, auch in der wohlwollend gemeinten, steckt die Idee des Lagers. Und weil es gar so viele sind, die freiwillig in künstliche Gemeinschaften fliehen, wird es von Jahr zu Jahr schwieriger, die Einmaligkeit des Individuums zu behaupten. Niemand sagt uns, wie wir uns Individualität, Subjektivität, Privatheit in der heutigen Gesellschaft noch denken sollen. Unsere öffentlichen Lebensbegleiter, die Medien, helfen uns nicht, im Gegenteil, sie werden mehr und mehr Teile dessen, wovor wir uns zu schützen haben. Der Erfolg der Kulturindustrie ist triumphal: Sie hat es geschafft, daß sich Menschen nicht mehr für sich selber interessieren. Die Verhöhnung *ist* Unterhaltung geworden. Ich sehe keine Gruppe, keine Bürgerinitiative, erst recht keine Partei, die den einzelnen ernst nimmt. Hier, denke ich, ist der Ort der Literatur. Jeder, der liest, und erst recht jeder, der schreibt, hält an einer Ordnung fest, die avancierte Gesellschaftstechniker für überwunden halten: Es kann andere nur verstehen, wer sich zuvor ausreichend mit sich selbst verständigt hat. Der Schreibende und der Lesende sind eine Einheit. Es verbindet sie ein Verlangen nach dem Ausdruck dessen, was erst durch seine Versprachlichung auf die Welt kommt. Wer fortgesetzt liest oder schreibt, bricht mit der Anmaßung, die in jeder Vergesellschaftung steckt, daß es Personen oder gar Ämter geben könnte, die über ihn, den Lesenden, den Sich-mit-sich-selbst-Verständigenden, besser Bescheid wissen als er selbst. Sein Selbstwissen ist jeder fremden Wissensbehauptung überlegen: Darin liegt die Gravitation seiner Individualität, die zunächst nichts weiter ist als die Gewißheit eines Abstands. Diesen Abstand gibt es nicht im Sonderangebot. Jeder, der ihn für sich nützen will, muß ihn sich selbst erarbeiten. Ich wiederhole den Satz von Robert Walser, der uns jetzt vielleicht ein wenig näher ist: »Niemand ist berechtigt, sich mir gegenüber so zu benehmen, als kennte er mich.« Der Satz verdankt sich einem verletzenden Umgang mit Gesellschaft. Als Vorbehalt will er in diese zurückwandern und sie über einen Teil ihrer Zumutungen aufklären. Natürlich nimmt die seit zweitausend Jahren schwerhörige Sozietät davon keine Notiz. Ihre Taubheit muß uns darin bestärken, dem zu keinem Ende hin erklärbaren Menschen immer neue Worte und Sätze über sich selbst an die Hand zu geben. Wie jedes Verlangen weist das Verlangen nach Ausdruck weit über seinen Gegenstand hinaus. Der einzelne muß, um vor sich selber frei zu sein, immer mehr Ausdruck beanspruchen, als er faktisch benötigt. Erst dann fühlen wir uns momentweise heimisch: Wenn viel verschiedenartige Wahrheit über uns im Umlauf ist.

Erinnern wir uns an die Situationen, wenn kleine Kinder sprechen lernen. Zunächst bringen sie nur Laute hervor, willkürliche phonetische Gebilde, eine Privatsprache, die wir nicht verstehen, die das Kind aber mehr und mehr an ein zentrales Ereignis heranführt, an die richtige Verwendung von Sprache. Es folgen einzelne Wörter, die das Kind zum Teil richtig, zum Teil falsch ausspricht. Und dann, eines Tages, kann das Kind seinen ersten zusammenhängenden und grammatisch richtig gebildeten Satz aussprechen. Meist sind Erwachsene dabei, die die Uraufführung richtig einschätzen können. Sie äußern Laute des

Entzückens und Erstaunens und klatschen Beifall. Die Anerkennung ist gerechtfertigt, denn das Kind hat einen Teil seines Selbst erfunden. Wichtig ist der Moment plötzlicher innerer Einheitlichkeit, die im gelungenen Selbstausdruck liegt. Das Kind hat ein Inneres nach außen transportiert und ist dabei für Augenblicke eine Person geworden. Der erste gesprochene Satz ist eine bedeutende ästhetische Erfindung, ein Kinderkunstwerk. Obwohl jeder Mensch, der sprechen gelernt hat, durch diese wunderbare Erfahrung hindurch gegangen ist, vergessen doch die allermeisten rasch die Freude, die dieses Kunststück gewährt hat. Es ist rätselhaft, warum so viele, ja die meisten Menschen, wenn sie erwachsen geworden sind, plötzlich meinen, sie hätten genug Wörter und Sätze gelernt – und die Arbeit der Noesis vorzeitig abbrechen. Sie tun es, weil sie Opfer ihrer und unserer Ordnung sind: Weil ihnen die Verständigung mit anderen vordringlicher erscheint. Und bald verhalten sie sich wie computerisierte Mitglieder einer Verständigungsorganisation, in der das Sprechen über den Austausch von Formeln und Chips bitte nicht hinausgehen soll. Sie haben es geschafft; sie sind der Gefahr, als weltfremd oder gar irrational zu gelten, fürs erste entkommen. Und haben doch nur einen Fehler gemacht, der noch nie so verheerend war wie heute. Durch den vorzeitigen Abbruch ihrer Selbsterkundigung, der im sprachlichen Vorstoß des Kindes so großartig begonnen hatte, verlieren sie, in der Regel für immer, den Anschluß an weitere, von uns selbst zu leistende Spracheroberungen, die uns das erschließen, worum es zu leben lohnt: unsere inneren Bilder, unsere Wertschätzungen, unsere biographischen Strategien, die Entdeckung dessen, was uns heute und morgen gemäß ist. Individualität gewinnen wir nur in der Abweichung. Abweichung bedeutet Entfernung. Nicht mehr alles, was ein mehr mit sich als mit anderen befaßter Mensch tut oder nicht tut, ist diesen anderen dann jederzeit verständlich.

Individualisierung dient der Selbstverständigung des Handelnden, nicht seiner Einordenbarkeit durch andere. Unter der herrschenden Tendenz total gewordener Zerstreuung ist diese private ästhetische Opposition gegenwärtig vielleicht die einzige Möglichkeit, einen Teil unseres besetzten und beschädigten Ichs zurückzuerobern. Privat ist diese Opposition nicht, weil sie unerreichbare oder unbillige Ziele verfolgt, sondern weil sie sich schützen muß vor dem Hohn und der Entwertung derer, die diese Opposition erst notwendig machen.

Private Opposition besteht aus Spielen der Verbergung, der Abweichung, der Ausweichung und der Flucht. Es sind Spiele, deren Regeln und Verlauf wir selber erfinden müssen – wie einst unseren ersten Satz. Die Spiele sind ungefährlich. Niemand will sich vollständig verbergen; wir wollen immer nur vorübergehend allein sein. Wir wollen auch nicht ganz und gar fliehen; wir wollen nach einiger Zeit zurückkehren. Aber in diesen Manövern des Verschwindens und Wiederkehrens machen wir, zum Beispiel, die bedeutsame Erfahrung, daß immer beides wählbar sein muß: Gleichheit *und* Differenz, Annäherung *und* Abstoßung, Nähe *und* Ferne. Im Schein des zeitweiligen Entkommens bildet sich unser innerer Vorbehalt, den unser Ich braucht, damit es souveräne Personen aus uns machen kann. Wir erblicken die Kristalle unseres Ichs, nach denen zu schürfen wir nicht aufgeben dürfen. Private Opposition ist ein ernstes Spiel; es bringt uns für Augenblicke die innere Unangefochtenheit zurück, die in dem Wort Freiheit immer mitgedacht ist.

Und dann und wann ein weißes Pferd

Bergen-Enkheimer Rede

Ich bedanke mich bei der Kulturgesellschaft und bei der Jury, ich danke herzlich und ohne Zwiespältigkeit, wenn auch nicht ohne Irritation. Denn ein Literaturpreis, mehr noch seine Verleihung, sind öffentliche Akte einer Kultur, die in den letzten Jahren ihre Unschuld verloren hat. Es ist merkwürdig, einen Literaturpreis zu erhalten in einem Augenblick, in dem Kultur ihren früher selbstverständlichen Ort in der Gesellschaft mehr und mehr einbüßt. Der Zeitpunkt steigert meine Dankbarkeit, allerdings auch meine Verwirrung. Ein No-entertainment-Autor wie ich erlebt den Einbruch der Kultur besonders nah, weil auch der Text, den er hervorbringt, für moderne Gesellschaftsstrategen entbehrlich geworden ist. In der allerneuesten Moderne des Kulturverzichts hat Literatur, die diesen Namen verdient, jegliche Repräsentanz verloren. Vermutlich ist Literatur auch deswegen zu einer ästhetisch-extremistischen Bewegung geworden, an der authentisch vielleicht nur teilnehmen kann, wer auch in seiner privaten Lebenswelt das Moment der Erosion spürt.

Kultur war bis vor kurzem ein Sammelwort für Vermittlungsideen aller Art. Es lag ihr die Vorstellung zugrunde, daß wir durch sie hindurch mit den anderen Menschen und ihren Anliegen verbunden sind, und zwar immer. Auch dann, wenn ich selbst gerade nicht im Theater bin, so weiß ich doch, es wird auch ohne mich Theater gespielt und es gibt dort Zuschauer, die in meiner Abwesenheit mich betreffende Fragen an meiner Statt mitbedenken, auch wenn diese Zuschauer mich persönlich nicht kennen. Plötzlich gilt diese Idee nicht mehr oder nicht mehr uneingeschränkt. Es gibt Politiker, die öffentlich meinen, daß wir auf dieses oder jenes Theater verzichten können. Von der eben skizzierten Idee, die hinter jedem Theater steht (natürlich auch hinter jedem Museum und hinter jeder Bibliothek), halten diese Politiker nichts oder sie haben nie etwas von ihr gehört. Ich nehme an, es sind die gleichen Politiker, die von den Kulturämtern stets mit Freikarten versorgt werden und die trotzdem nicht in der ersten Reihe sitzen; vermutlich haben sie auch deswegen mit der Kultur keine oder zu wenig Erfahrungen gemacht.

Deswegen, denke ich, ist es nötig, in diesem brisanten historischen Augenblick daran zu erinnern, was Kultur eigentlich ist. Der Kern jeder Kunsterfahrung besteht darin, daß wir uns durch sie mehr vorstellen können als zuvor.

Ich erinnere an einen Abend der Experimenta iii im Jahre 1969, als der damals noch weithin unbekannte Joseph Beuys, ein weißes Pferd an der Hand führend, die Bühne betrat. Beuys trug einen schweren Mantel mit Pelzkragen und einen Hut, den er bei künftigen Auftritten immer wieder trug. Beuys geleitete das Pferd zu einem kleinen Heuhaufen, wo es sogleich zu fressen anfing. Es war nicht nötig, die Sätze zu verstehen, die Beuys zu den Zuschauern sagte oder zu dem Pferd. Die Zuschauer mußten auch nicht wissen, beziehungsweise: sie durften vergessen, wie die Aktion hieß und was Beuys mit ihr zeigen wollte. Dennoch war das Publikum fundamental beeindruckt von diesem ernsten Mann und seinem ebenso ernsten Mitspieler, dem weißen Pferd. Es war ein Bild, das niemand vorschnell übersetzte und das gerade deshalb den Sinn der Zuschauer verwandelte. Diese als bedeutsam erfahrene Transformation des eigenen Ichs ist das Zentrum dessen, was wir in Zukunft nicht mehr vergessen werden. Gewisse

Stilleben bewegen unseren Geist eben oft mehr als tagelange Festspiele. So kommt es, daß Menschen noch nach Jahrzehnten davon sprechen, was einmal wie ein Meteor in sie eingedrungen ist und sie, sozusagen »von außen« und dennoch vollkommen friedlich, auf ihre eigene Unvollständigkeit hinwies und diese zugleich für den Moment einer Erfahrung aufhob. Ich beschreibe den Auftritt von Joseph Beuys in Form eines Eingedenkens, weil wir Bereicherungen von solcher Qualität seit vielen Jahren vermissen und weil der Ort des Beuysschen Auftritts inzwischen selbst ein Ort des Kulturverzichts geworden ist: Es ist – es war – das Frankfurter Theater am Turm.

Wir haben der Kultur in den letzten Jahrzehnten viele Schimpfnamen gegeben. In den siebziger Jahren nannten wir sie ÜBERBAU; das war marxistisch gemeint und zielte auf ihre Abhängigkeit von der Ökonomie. In den achtziger Jahren hieß sie ALIBI, was auch nicht viel netter war. Am unfreundlichsten war Theodor W. Adorno, der ihr in seiner »Ästhetischen Theorie« knapp und schroff den Namen MÜLL verpaßte. Am anderen Ende der Skala dachte Arnold Gehlen, der das »Ästhetische« kurz und bündig das »Folgenlose« nannte. Es war und ist übrigens sonderbar, wie ein Linkskonservativer wie Adorno und ein Rechtskonservativer wie Gehlen plötzlich die gleiche Position einnehmen, wenn sie die Kultur schmähen.

Die Kultur hat alle diese Denunziationen überlebt, jedenfalls bis jetzt. Kultur ereignet sich in einem alogischen Raum; es gibt darin keine Notwendigkeit, keine Ordnung und natürlich auch keine Gerechtigkeit. Gerade ihrer schwebenden Existenz wegen ist Kultur endlos diffamierbar – solange es sie gibt. Genau das ist hier und heute der kritische Punkt. Denn seit einiger Zeit ist nicht mehr gewiß, ob und wie lange wir Kultur noch haben werden. Sie hört jetzt auf den Namen ABBAU. Das ist ein unangenehmes Wort. Es klingt nach Leere, Verlassenheit, Wüste. Genau so ist es um sie bestellt. Das Dogma ihrer Unverzichtbarkeit, in den siebziger und achtziger Jahren nimmermüde nachgebetet, ist plötzlich verschwunden. Sie ist – die vielseitig einsetzbare Repräsentationskultur ausgenommen – politisch heimatlos geworden. Ihr allerneuester Status ähnelt dem eines Blinddarms. Sie ist noch da, aber man braucht sie nicht wirklich. Sie kann auch entfernt werden. Und wenn sie weg ist, wird sie von niemandem vermißt. Diese widersprüchliche Lage hat der Soziologe Max Weber die »sinnlose Fortschrittlichkeit des Kulturlebens« genannt.

Der Kapitalismus, den wir höflich und aggressionsfrei nur noch Markt nennen, ist an der Hinfälligkeit der Kultur – sagen wir es zurückhaltend – nicht ganz unbeteiligt. Aber der moderne Kapitalismus liefert für die Wunden, die er hinterläßt, immer auch gleich das Verbandszeug dazu. Dieser Service macht unsere Verletzungen so eigentümlich unterhaltsam. Das Heftpflaster, das derzeit an zahlreichen Opernhäusern, Theatern und Museen klebt, heißt Sponsorenkultur. Sie richtet ihr Auge auf Kurzweil und Zerstreuung und achtet darauf, daß ihre Klientel dabei auf seine Kosten kommt. Sie gibt Geld für – sagen wir – achtmal NABUCCO oder zwölfmal LA BOHEME, damit die Manager und ihre Ehefrauen an den Wochenenden nicht leer ausgehen. Oder sie sponsert bedeutsame Ausstellungen, damit wir, Großstädter von eigenen Gnaden, nicht beschämt in die wirklichen Kunstmetropolen reisen müssen. Ich habe natürlich nichts gegen NABUCCO, nichts gegen LA BOHEME und auch nichts gegen ihr Publikum. Aber was an dieser keimfreien Edelkultur auffällt, ist ihre verdinglichende Zurichtung. Aus einer Oper, dem Publikum und dem finanziellen Polster für beide wird eine kalkulierte Funktionseinheit, die jede Überraschung verloren hat. Aus dem organisch gewachsenen Ausdrucksverlangen der Menschen ist eine Blinddarm-Kultur geworden, in der unsere Widersprüche nicht mehr auftauchen. Sie ist ein glanzvoller Zeitvertreib, ein gelungener Akt gegen die Langeweile, die leider nie wieder – Sie verstehen, was ich meine – von einem weißen Pferd durchkreuzt werden wird.

Spüren wir nicht schon die Entzugserscheinungen? Meine persönliche Einschätzung ist, daß sich die Sponsorenkultur nicht lange halten kann. Sie ist so etwas wie Kultur-auf-Rädern, und sie führt geradewegs in eine sklerotische Lähmung, die aus den Kulturinstituten auf die Dauer Siechenheime machen wird. Ich übertreibe, aber die Übertreibung steht im Dienst der Rückeroberung dessen, was wir verloren haben und, mindestens in nächster Zukunft, weiter verlieren werden. Dabei will ich nicht so tun, als wüßte ich oder irgend jemand sonst, was mit der Kultur zur Zeit *genau* los ist. Aber warum unternehmen wir so wenig, um auf diese Frage eine Antwort zu finden? Vielleicht haben wir noch nicht begreifen können, was der neue Status der Kultur auch ist. Nämlich eine Gelegenheit zu fragen, ob wir in Zukunft Kultur überhaupt noch brauchen und – wenn ja – welche Kultur es denn sein soll. Ich vermisse angemessene und differenzierte Stellungnahmen sowohl des Publikums als auch der Künstler zur Klärung dessen, was wir uns unter den neuen Bedingungen anschauen und anhören wollen. Ob wir uns die alten Bedingungen zurückwünschen oder welche wir denn für brauchbar halten. Ob uns die Personen, die in den Kulturämtern sitzen und reagieren sollten, geeignet erscheinen, sinnvolle Antworten zu finden. Wenn nein, ob wir andere Personen in diesen Ämtern wünschen und welche. Und was wir tun können, wenn uns der Staat allein läßt beziehungsweise wenn der Scheck vollständig an die Stelle der abwesenden Kulturpolitik getreten sein wird. Wir sind das Publikum! Das haben wir offenbar auch noch nicht richtig verstanden. Warum haben wir für all diese Fragen so wenig Öffentlichkeit? Warum interessiert es uns nicht, daß von den vierzig fest angestellten Darstellern, die das Frankfurter Schauspiel bis vor wenigen Jahren hatte, heute genau 25 übriggeblieben sind, die gleichwohl den gesamten Spielbetrieb aufrecht erhalten sollen oder müssen? Was ist mit den fünfzehn verschwundenen Schauspielern geschehen? Warum nehmen wir es hin, daß der Literaturetat des Landes Hessen in diesem Jahr fast auf Null geschrumpft ist? Was zum Beispiel dazu führt, daß Bibliothekare von Stadtbüchereien, die dennoch eine Lesung mit einem Autor veranstalten wollen, dessen Honorar aus dem eigenen Geldbeutel bezahlen müssen und dies erstaunlicherweise auch tun.

Rätselhaft ist, daß eine Gesellschaft wie auf Verabredung hin schweigend, aber effektiv ein ganzes Segment ihrer selbst aushebelt und es entweder plötzlich oder allmählich verschwinden läßt und auch dieses Verschwinden selbst wieder schweigend duldet. Oder gibt es eine stille Verabredung, eine unbewußte vielleicht, aber um so wirksamere, nämlich das Motiv einer heimlichen Kulturfeindschaft, die in den Zeiten der Prosperität nicht gewagt hat, sich zu zeigen, nun aber die Stunde ihrer wahren Stärke für gekommen sieht? Ich hoffe, ich habe genug Fragen gestellt, von denen wir das Empfinden haben, daß sie nicht länger auf sich beruhen dürfen. Ich mag die geräuschlose Abwicklung der Kultur nicht länger hinnehmen und möchte deshalb einen Vorschlag machen: Ich bitte den Intendanten des Frankfurter Theaters, sein Haus an einem betriebsfreien Abend für die Austragung einer Kulturdebatte zu öffnen. Teilnehmen sollen alle, die Kunst machen und Kunst verwalten, und soviel Publikum wie möglich. Wenn *ein* Abend nicht ausreicht, sollte vor einem zweiten oder dritten niemand zurückschrecken.

Das Exil der Blicke
Die Stadt, die Literatur und das Individuum

Dresdner Rede

Erste Legende. Im Frankfurter Hauptbahnhof sind seit kurzem nicht mehr nur die Geräusche zu hören, die das Bahnhofsgeschehen selber hervorbringt. Die Deutsche Bahn hat längs der 24 Bahnsteige viele kleine Lautsprecher einbauen lassen. Sie sind, zusammen mit neuen Gleislampen, etwa eineinhalb bis zwei Meter oberhalb der Köpfe der Reisenden auf Gestelle montiert. Auf zwei Leuchtsegmente folgt je ein Lautsegment. Aus den Boxen fließt ein weicher, eigenschaftsloser Dauerton, der von der großen Mehrheit der Menschen als Musik empfunden wird. Sagen wir: Eine Mischung aus James Last, Billy Vaughn und Julio Iglesias. Wir kennen den öffentlichen Auftritt dieser Musik bisher aus Supermärkten und Hotelhallen, zuweilen aus Fahrstühlen und großen Arztpraxen. In Fachkreisen der Menschenberuhigung nennt man sie Funktionsmusik, abgekürzt FUMU, und ihre Aufgabe ist, Menschen die Idee zu vermitteln, daß sie dort, wo sie gerade sind, immer schon hingewollt haben. Der FUMU-Effekt im Hauptbahnhof ist, daß viele Reisende das Gedränge und Gewimmel als modern und rasant empfinden. Das Geräusch, das zum Beispiel beim Einziehen von Oberleitungen entsteht, können wir jetzt nicht mehr als Originalgeräusch hören. Ebenso die Geräusche des An- und Abkoppelns von Waggons, des Zischens der Druckluft, wenn an stehenden Loks die Ventile geöffnet werden, auch nicht das Geräusch des Zuschnappens der Türen an den neuen ICEs. Wir können auch nicht mehr die zahlreichen Echos dieser Geräusche hören, die sich in den weiten Hallen verflüchtigen oder nicht verflüchtigen – und die vielleicht der Grund dafür waren, warum Marcel Proust große Bahnhöfe »verglaste Laboratorien« genannt hat. Was wir statt dessen hören, ist ein schwer identifizierbares Gemisch aus den Resten der Originalgeräusche einerseits und ihrer künstlichen Hinzufügungen andererseits.

Geheimnisvoll ist, daß die neue Bahnhofsbeschallung nicht preisgibt, was mit ihr eigentlich simuliert, beschönigt oder verdeckt werden soll. Das uns geläufige Motiv aller Rationalität, die Zähmung von Wildheit und Chaos, die Umwandlung naturhafter Dickichte in handliche Regelbezirke, greift hier schon lange nicht mehr. Es gibt nur wenige städtische Bereiche, die noch weiter geordnet und noch transparenter gemacht werden können als Bahnhöfe. Es beschleicht uns höchstens die Ahnung, daß wir über das Verstummen der Dinge im Gefolge ihrer Verregelung hinweggetröstet werden sollen oder müssen. Tatsächlich zeigt dieses Beispiel mit seltener Deutlichkeit die Transformation der Moderne: Auf der Seite der Erscheinungen sind wir Zeuge einer Deprivation, einer Beraubung der Dinge. Komplementär dazu erleiden wir auf der Seite der Erfahrung eine Korruption von Sinnlichkeit. Zurück bleibt, vorerst, ein merkwürdiger Zwitter. Was verschwinden soll, verschwindet nicht ganz; hinzugekommen ist durch die Verwischung der Originalgeräusche eine neue Art von Langeweile, die auf den räuberischen Akt, der sie hervorrief, erst aufmerksam macht.

Zweite Legende. Vor ein paar Wochen rief mich eine Fotografin an und fragte, ob sie mich im Bett ablichten dürfe. Sie nannte die Namen derer, die sie bereits im Bett fotografiert hatte. Es waren gute, zum Teil bekannte Namen oder, genauer, bekannte, zum Teil gute Namen. Ich wartete, daß mir die Fotografin erklärte, was ausgerechnet ich in ihrem Foto-Projekt zu suchen habe. Nein, ich wartete nicht; ich sah schon die Leute, die sich die Bilder anschauen werden, Leute, die bereits alles gesehen haben und die Bilder ohne Verletzung vielleicht nicht mehr betrachten können. Es fiel kein Wort der Erläuterung, aber ich verstand, ein Schriftsteller, der im Bett sitzt, mit oder ohne Frau, mit oder ohne Pyjama, paßt in das Szenario der Indiskretion, das wir seit Jahren Kultur nennen. Die Fotografin sagte, sie werde die Bilder zuerst an Zeitschriften und Illustrierte verkaufen und dann eine Ausstellung mit ihnen machen. Wollen Sie nicht eine Rede zur Eröffnung halten? Sie sind der richtige Mann dafür. Ich hatte das Bedürfnis, ein paar inhaltliche Fragen zu klären. Glauben Sie, Intimität sei abbildbar? Oder handelt es sich um ein Projekt der Ironie, das zeigen soll, daß wir immer nur den Schein des Authentischen hervorbringen? Und, wenn ja: Wie werden die Fotos den Anspruch der Ironie umsetzen? Aber ich merkte, der Fotografin war nicht nach Reflexion zumute, schon gar nicht nach Auseinandersetzung. Sie sammelte Kandidaten, Adressen und Termine, sie konstruierte ein Ereignis für ein großstädtisches Publikum, das mit Stoffen und Reizen versorgt werden muß, und als sie merkte, daß ich nicht in Frage kam, beendete sie rasch und professionell das Gespräch.

Dritte Legende. Vor kurzem haben Frankfurter Banken und Versicherungen zum ersten Mal ihre Hochhäuser für den Publikumsverkehr »freigegeben«. An wochenlang vorher festgelegten Abenden durften kleine, übersichtliche Kontingente von Neugierigen in die Gebäude eindringen und im Gefolge von Führern das 22. oder 34. Stockwerk dieses oder jenes Hochhauses besichtigen. Die meisten Hochhaustouristen sahen dabei zum ersten Mal mit eigenen Augen, was sie schon oft gehört oder gelesen hatten: Wie menschenleer und unwirtlich ihre Stadt am

Abend aussieht. Viele sahen nicht einmal das, weil in den Etagen alle Lampen eingeschaltet waren, so daß die Fensterscheiben lediglich die Gesichter zurückspiegelten. In anderen Bankhäusern war ihnen der Blick in die Straßenschluchten aus anderen Gründen nicht möglich. Das Sicherheitsmanagement hatte die Jalousien schließen lassen. Begründung: Man fürchtete Attentäter in den Grünanlagen der Umgebung. In wieder anderen Hochhäusern durften die Neugierigen nur in ständiger Begleitung von Wachpersonal an die Fenster treten; hier ängstigte man sich vor dem plötzlichen Entschluß dieses oder jenes Selbstmörders.

Es war, als hätten nicht alle Beteiligten in jedem Augenblick gewußt, in welchem Erlebnis sie waren. Waren es überhaupt Erlebnisse? Oder war es wieder nur eine Erlebniskampagne? Momentweise sah es so aus, als sollten die Besucher entschädigt werden: Was die Stadt an Details nicht mehr zu bieten hat, sollte ersatzweise der Panorama-Blick leisten – der dann doch wieder nicht oder nur mit Einschränkungen zustande kam. Ein Stadtrat nannte das Ganze eine »absurde Veranstaltung«. Ich vermute, wenigstens ein paar der Besucher haben eine schwer beschreibbare Erfahrung gemacht; sie fühlten die Kluft zwischen ihrem Erlebnishunger und dem Programm, den sich Erlebnisplaner für diesen ausgedacht hatten.

II

In allen drei Beispielen leuchtet die Verwirrung der Stadt. Sie geht zurück auf die Transfunktionalität der Oberflächen, die wir in unseren Städten beobachten. Kaum ein Ding darf identisch sein mit sich selber. Eine Wartehalle soll aussehen wie eine Bar, eine Bar soll aussehen wie eine Yacht, eine Yacht soll aussehen wie ein Salon. Eine Lebensmittelabteilung muß an eine Fernseh-Show erinnern, der Empfang im Hotel an eine Opernkulisse und wir selbst an Darsteller eines ganz anderen Films. Georg Simmel hat in den zwanziger Jahren befürchtet, es sei das Schicksal des Großstadtbewohners, daß er zuviel erlebt. Die Fülle der Ereignisse erlaube dem einzelnen, so Simmel, nur noch Gefühle der »Unzulänglichkeit« und »Hilflosigkeit«. Für Simmel war die Unverarbeitbarkeit des Überangebots die »Tragödie der Kultur«. Sein Kollege Walter Benjamin sprang ihm in den dreißiger Jahren zur Seite und verkündete: »Für den, der keine Erfahrungen mehr machen kann, gibt es keinen Trost.« Georg Simmel müßte heute feststellen, daß dem modernen Stadtbewohner nicht nach Tragödien zumute ist, im Gegenteil, er hat sich glänzend mit der Herrschaft der Substitute arrangiert. Walter Benjamin müßte erkennen, daß die Stadtbewohner, trotz aller Erfahrungsenteignung, weder melancholisch noch trostlos sind. Denn der ultramoderne einzelne hat längst verinnerlicht, daß er von subjektiven Erfahrungen nur behindert wird. Die heutigen Großstadtbewohner sind Leistungssportler der Mimesis, die pünktlich und ohne Murren die von ihnen geforderten Verwandlungen liefern. Sie wissen nicht, was sie vermissen könnten; das macht sie sehnsuchtslos. Sie können es sich nicht erlauben, in ihren glatten Umgebungen nach Einzelheiten und Zeichen zu suchen, die ihren Sinn transformieren. Die Kühlschrank-Architektur der modernen Stadt ist dabei behilflich; das Design der Metropole vermeidet jeden Anklang von Hinfälligkeit und schließt damit ihre eigene Erinnerbarkeit tendenziell aus. Dennoch gibt es keinen Kulturkampf um den Erfahrungsraum Stadt. Die Zeiten, in denen es einfach war, die Identitäten großer Städte an ihren Literaturen zu erkennen, sind vorbei. Denken wir einen Augenblick an Dublin, Paris, Berlin oder Wien, denken wir an die Namen der Schriftsteller, die die Identitätszeichen dieser Städte erkannt und beschrieben haben. Stadtidentitäten sind sämtlich in einer Zeit entstanden, als Städte noch Einzelheiten hatten, die ihnen gehörten und ihnen allein gehörten. Die neue Stadt ist eine entleerte Stadt, die sich über Defizite fixieren lassen muß, über entkernte Gebäude, an deren Fassaden das Verschwundene bestenfalls nachkonstruiert oder betrauert werden kann.

III

Der Stadtroman nach der Zerstörung der Stadterfahrung kann nur ein Roman sein, der alle Verpflichtungen aufs Allgemeine hinter sich läßt. Seine Protagonisten gehen nicht mehr – denken wir an Franz Bieberkopf oder an Mr. Bloom – durch die Stadt hindurch und übernehmen dabei einen Teil der Stadtidentität als eigene Identität. Das neue, in der Stadt umherschweifende Ich hält sich fern von seiner eigenen Fragmentarisierung, weil es weiß, daß es von der ausschließlich ökonomisch zugerüsteten Stadt, die Kaufkraft binden muß und sonst nichts, keine Primär-Erfahrungen mehr erwarten darf. Das Ich benutzt die Stadt deshalb nur noch als Folie für seine Reflexionsbildung. Ich greife – beliebig – drei Titel heraus, die das Problem der verwandelten Stadt mit ganz verschiedenen Erträgen aufarbeiten und doch entscheidende Strukturmerkmale gemeinsam haben. Die drei Bücher sind *Ein Mann der schläft* von Georges Perec, *Rolltreppe oder die Herkunft der Dinge* von Nicholson Baker und ein Titel von mir, *Leise singende Frauen*. Keineswegs zufällig sind die Protagonisten aller drei Romane Fußgänger. Sie haben die langsamste Art der Fortbewegung gewählt, weil sie nur mit ihr den Reflexionsgewinn machen können, den die Stadt heute noch anbietet. Sie wollen nicht rasend schnell an den Dingen vorbeifahren, im

Gegenteil, sie sind Eidetiker, Augenmenschen, die verharren können, bis sich ihnen etwas zeigt. Der neue Stadtroman entsteht – wörtlich und metaphorisch – aus der Unterlaufung der Stadt. Seine Helden wissen, daß sie dissoziiert werden sollen, und sie setzen den herrschenden Zerstreuungen eigene innere Programme entgegen, die gleichwohl auf winzige Auslöse-Momente der städtischen Umgebung angewiesen bleiben.

In Georges Perecs Roman *Ein Mann der schläft* lernen wir einen Studenten kennen, der von der Widerlichkeit seiner Stadt (gemeint ist Paris) so sehr entsetzt ist, daß er sich in seine Dachkammer zurückzieht und dort nur noch die Worte ausspricht, die zur Aufrechterhaltung seines Lebens unbedingt erforderlich sind. Dabei vergißt er nicht, das gemiedene Paris – die »verfaulte, gemeine, häßliche Stadt« – immer neu zu schmähen: »Die düsteren Bierhallen, von denen auf den Grands Boulevards eine neben der anderen steht ... die entsetzlichen Schaufenster ... die verkommenen Hallen, die als Trabantenstädte verkleideten Barackenviertel, die Slums im Herzen von Paris ... der unerträgliche Horror der Bullen-Boulevards ...«

Das Maß der Beschimpfung ist das Maß dessen, was der Student vermißt. Das Scheitern seines Versuchs, in der Stadt eine angemessene Urbanität zu finden, bringt Rückzug und Verinnerlichung hervor. Mehr und mehr kommuniziert der Student mit sich selbst, freilich über den Weg erinnerter Einzelheiten aus der Stadt. Schließlich bringt die Intimität mit sich selbst jenen Abstand hervor, der ihm erlaubt, die Stadt erneut aufzusuchen und ihr mit Gleichgültigkeit gewappnet zu sein.

In Nicholson Bakers Roman *Rolltreppe oder die Herkunft der Dinge* treffen wir auf einen amerikanischen Büro-Angestellten, der seine tägliche Mittagspause in ein und demselben Kaufhaus verbringt. Mit der Rolltreppe fährt er die Etagen hinauf und wieder hinunter, er beobachtet nichtige Dinge und Vorgänge rings um ihn, auf die es zwar nicht ankommt, die aber dennoch nötig sind, um seinen Bewußtseinsstrom in Gang zu halten. Er stellt Assoziationsketten über rolltreppenähnliche Objekte zusammen – vom Bauch des Pottwals über Socken und Kord bis hin zu Schallplatten –, er spekuliert über Sinn und Nutzen schwimmender Trinkhalme, von Heißstrahlgebläsen und Papierhandtüchern. In die Kaufhaus-Banalität mischen sich freilich Reflexionen über die Beschaffenheit von Zeit und Zufall und über die Herkunft der Dinge. Denn der Büro-Angestellte ist in Wahrheit ein abgebrochener Philosophie-Student, der inmitten der Hysterie der Waren am besten über den Bruchstück-Charakter der Erscheinungen und seiner Biographie nachsinnen kann.

Der Protagonist des Romans *Leise singende Frauen* ist vielleicht der stillste und unneurotischste unter den dreien. Er ist ein Situationist, der nach geeigneten Zufällen und Anblicken sucht, die ihm erlauben, im Gedröhn der kommerziellen Kommunikation ein unrepräsentatives Leben zu führen. Verhaßt ist ihm nur das Gefühl, Objekt allgemeiner städtischer Regulierungen zu werden. So hält er sich abseits und erschließt sich private Bilderfolgen, die außer ihm kaum jemand nutzt, weil sie in den Augen moderner Erlebnisstrategen wertlos sind. Zum Beispiel findet er Gefallen an der Erscheinung einer jungen Frau, die während des Gehens ihre Sandalen auszieht und barfuß weitergeht – woraus sich plötzlich eine bewegliche Metapher für die Ankunft des Sommers in der Stadt entwickelt. Wichtig ist: In allen drei Romanen bringen die Beobachter die Objekte ihrer Beobachtung selber hervor und reichern sie mit individuellen Bedeutungen an. Nur so gelingt es ihnen, nicht ein Teil dessen zu sein, wovon sie selber bedrängt sind. Nur so nähern sie sich momentweise dem Traum einer Autonomie, die es unangegriffen nicht mehr geben kann.

Alle drei Romane beziehen ihre Lebendigkeit aus der Dreieck-Spannung von Stadt, Einsamkeit und Individuation, aus dem Druck der Einkesselung, der Flucht vor ihr und der dazu erforderlichen Verbergungstechnik, die vom einzelnen Subjekt selber erfunden werden muß. Die Distanzen sind ohne Ausnahme über Wahrnehmung organisiert. Aus der Beobachtung früherer Manöver wissen die Romanhelden, daß es die Total-Lösung (die Flucht oder das vollkommene Verschwinden) nicht geben kann. Sie sind klug und bescheiden sich mit einem geglückten Ausweichen, dessen Technik der Realumgebung angemessen sein muß.

Auf ihr Verhalten trifft eine Bemerkung zu, die ich bei Niklas Luhmann gefunden habe: »Individuum im modernen Sinne ist, wer sein eigenes Beobachten beobachten kann.« Der hohe Grad von Selbstreflexivität, der in diesem Verfahren steckt, entfernt die Protagonisten vom Gewimmel der anderen, in dem sie sich gleichwohl aufhalten, und läßt sie in einer Art öffentlichem Exil zurück, das nie jemand ausgesprochen hat. Soweit ich sehe, teilt nur das Medium der Literatur – genauer: nur ein kleiner Teil der Literatur – das Geschick des an den Rand gedrängten Subjekts. Die Mitteilungen, die aus dem nie ausgesprochenen Exil kommen, werden im geschäftigen Zentrum kaum noch verstanden. Das Sprechen der Romanfiguren ähnelt einem vergeblichen Sprechen. Dabei gehört das vergebliche Sprechen mehr denn je zur progressiven Universalpoesie: Wer nicht verstanden wird, spricht aus der Mitte dessen, was noch zu sagen ist. Stadtliteratur, die ich meine, ist nicht kompensatorisch; sie löst nicht oder nicht restlos in Kunst auf, woran im Leben gelitten wird. Der neue Roman ist so isoliert wie die, die ihn lesen; beide, der Roman und sein Leser, haben teil am notwendigen Eskapismus der einzelnen in der zugerichteten Welt. Es gibt eine intime Nähe zwischen dem oft verworrenen Leben der Menschen und den Ausdrucksbewegungen moderner Literatur, die über formale Analogien weit hinausgeht.

Viele der übriggebliebenen Leser wissen von dieser Nähe; sie nutzen den modernen Text als Schauplatz ihrer möglichen Individuation, für deren Ausdruck in den herrschenden Wirklichkeiten kein Platz ist. Moderne Stadtliteratur ist der nicht aufgebbare Versuch, Erfahrungsautonomie zu gewinnen in Umgebungen, die weder Erfahrungen noch Autonomie brauchen können. Das Beharren auf dieser Erfahrung ist auch deswegen schwierig, weil uns einige (nicht alle) Philosophen immer wieder einflüstern, daß Begriffe wie Subjektivität, Individualität und Autonomie nichts als Mythen seien, die wir auf den Müllhaufen werfen können. Das Gerede vom Tod des Subjekts fällt leicht, weil das Ich der verschwiegenste und am schwersten zugängliche Gegenstand der Literatur und der Philosophie überhaupt ist. In Wahrheit ist das Subjekt nur extrem duldsam und mit noch mehr Grund mißtrauisch, wenn andere sein Hinscheiden verkünden. Es lebt und liest und sucht sich Verstecke, in denen es seiner zentralen Erfahrung nachlauschen kann, dem es den Beginn seiner Subjektivität verdankt: dem Zusammenprall fremder und eigener Wahrheit.

Nachweise

Die Kolumne *Achtung Baustelle* erschien zuerst in der *Frankfurter Rundschau* und in der *Basler Zeitung*.

Der Essay *Dubliner Ausflüge. Über James Joyce.* erschien zuerst in *Du. Zeitschrift für Kultur*, Nr. 3/1995, Zürich.

Der Ort der Hingabe. Schreiben zum Tode. Über Marcel Proust; Erstdruck in *Rowohlt's Literaturmagazin* Nr. 20/1987.

Die Relativität des Glücks. Leben und Schreiben des Italo Svevo; Erstveröffentlichung im *Schreibheft* Nr. 24/1984.

Einschluß, meine Herren; Erstsendung bei Radio Bremen (II. Programm) am 11.9.1989.

Abstand gibt es nicht im Sonderangebot. Dankrede zum Bremer Literaturpreis. Erstdruck in der *Frankfurter Rundschau* vom 3.2.1990.

Und dann und wann ein weißes Pferd. Dankrede zum Stadtschreiber-Preis von Bergen-Enkheim. Erstdruck in der *Frankfurter Rundschau* vom 2.9.1996.

Das Exil der Blicke. Rede bei der Frühjahrstagung der Deutschen Akademie für Sprache und Dichtung in Dresden am 12.4.1996. Erstdruck in der *Neuen Zürcher Zeitung* vom 11./12.5.1996.

Günter Grass im dtv

»Günter Grass ist der originellste und vielseitigste lebende Autor.«
John Irving

Die Blechtrommel
Roman
ISBN 3-423-11821-0

Katz und Maus
Eine Novelle
ISBN 3-423-11822-9

Hundejahre
Roman
ISBN 3-423-11823-7

Der Butt
Roman
ISBN 3-423-11824-5

Ein Schnäppchen namens DDR
ISBN 3-423-11825-3

Unkenrufe
ISBN 3-423-11846-6

Angestiftet, Partei zu ergreifen
ISBN 3-423-11938-1

Das Treffen in Telgte
ISBN 3-423-11988-8

Die Deutschen und ihre Dichter
ISBN 3-423-12027-4

örtlich betäubt
Roman
ISBN 3-423-12069-X

Der Schriftsteller als Zeitgenosse
ISBN 3-423-12296-X

Der Autor als fragwürdiger Zeuge
ISBN 3-423-12446-6

Ein weites Feld
Roman
ISBN 3-423-12447-4

Die Rättin
ISBN 3-423-12528-4

Aus dem Tagebuch einer Schnecke
ISBN 3-423-12593-4

Kopfgeburten
ISBN 3-423-12594-2

Gedichte und Kurzprosa
ISBN 3-423-12687-6

Mit Sophie in die Pilze gegangen
ISBN 3-423-12688-4

Mein Jahrhundert
ISBN 3-423-12880-1

Im Krebsgang
Eine Novelle
ISBN 3-423-13176-4

Wilhelm Genazino im dtv

»Wilhelm Genazino beschreibt die deutsche Wirklichkeit zum Fürchten gut.«
Iris Radisch in der ›Zeit‹

Abschaffel
Roman-Trilogie
ISBN 3-423-13028-8
Abschaffel, Flaneur und »Workaholic des Nichtstuns«, streift durch eine Metropole der verwalteten Welt. Die äußere Ereignisöde seines Angestellten-Daseins kompensiert er mit Phantasie.

Ein Regenschirm für diesen Tag
Roman
ISBN 3-423-13072-5
Geld verdienen kann man mit den unterschiedlichsten Tätigkeiten. Zum Beispiel als Probeläufer für Luxushalbschuhe. – Wunderlich-poetisch und irrwitzig-komisch: ein Buch, mit dem man das Staunen über den Alltag wiedererlernen kann.

Eine Frau, eine Wohnung, ein Roman
Roman
ISBN 3-423-13311-2
Ein Mensch von siebzehn Jahren fliegt vom Gymnasium, das kommt vor. Für Weigand selbst ist das nicht weiter tragisch, denkt er doch nur daran, endlich erwachsen zu werden und die drei Dinge zu haben, die es dazu braucht: eine Frau, eine Wohnung und einen eigenen, selbst geschriebenen Roman. Genau in dieser Reihenfolge. – »Ein wahres Juwel und wohl das Beste, was Genazino je geschrieben hat.« (Uwe Wittstock in der ›Welt‹)

Die Ausschweifung
Roman
ISBN 3-423-13313-9
»Für solche ›Szenen einer Ehe‹ gibt man gern einige Kilo bester Erfahrungsliteratur her.« (Süddeutsche Zeitung)

Fremde Kämpfe
Roman
ISBN 3-423-13314-7
Da die Aufträge ausbleiben, versucht sich der freischaffende Werbegrafiker Wolf Peschek auf fremdem Terrain: Er läßt sich auf kriminelle Geschäfte ein …

Die Obdachlosigkeit der Fische
ISBN 3-423-13315-5
Die Erinnerung an eine fatal gescheiterte Jugendliebe. Eine Lehrerin vergewissert sich dieser Geschichte in einer brisanten Phase ihres Lebens.

Bitte besuchen Sie uns im Internet: www.dtv.de

Brigitte Kronauer im dtv

»Brigitte Kronauer ist die beste
Prosa schreibende Frau der Republik.«
Marcel Reich-Ranicki

Die gemusterte Nacht
Erzählungen
ISBN 3-423-11037-6

Berittener Bogenschütze
Roman
ISBN 3-423-11291-3

Ein Junggeselle, Literaturwissenschaftler, auf der Suche nach dem »schönen Quentchen Verheißung«. »Voller Leben, Gegenwart, direkt, komisch, sinnlich.« (Frankfurter Allgemeine Zeitung)

Rita Münster
Roman
ISBN 3-423-11430-4

»Ein weiblicher Entwicklungsroman, ohne Wehleidigkeit, ohne Berufung auf das wärmende Gruppengefühl. In ihrer starken Individualität, ihren Widersprüchen und ihrem Beharren auf Glück ist Rita Münster eine ganz und gar überzeugende Figur.« (Deutsches Allgemeines Sonntagsblatt)

Die Frau in den Kissen
Roman
ISBN 3-423-12206-4

Frau Mühlenbeck im Gehäus
Roman
ISBN 3-423-12732-5

Die Lebensgeschichten zweier Frauen. »Zwei Möglichkeiten, Wirklichkeit zu erleben.« (Salzburger Nachrichten)

Das Taschentuch
Roman
ISBN 3-423-12888-7

Die Geschichte eines Apothekers. »Die Galerie kunstvoll-lebensnah erzählter Porträts aus der bürgerlich-mittelständischen westdeutschen Gesellschaft ist um ein packendes Beispiel reicher.« (Süddeutsche Zeitung)

Schnurrer
Geschichten
ISBN 3-423-12976-X

Teufelsbrück
Roman
ISBN 3-423-13037-7

»Ein großer poetischer Roman über die Elbe, die Liebe und die Romantik in unromantischer Zeit.« (Die Zeit)

Markus Werner im dtv

»Eines der eigenwilligsten Erzähltalente der deutschsprachigen Gegenwartsliteratur.«
Der Spiegel

Zündels Abgang
Roman
ISBN 3-423-10917-3

Das Ehepaar Zündel hat getrennt Urlaub gemacht. Als Konrad heimkehrt, bereitet ihm Magda einen sehr reservierten Empfang. Zündel plant seinen Abgang.

Froschnacht
Roman
ISBN 3-423-11250-6

Franz Thalmann ist Pfarrer, Ehemann und Familienvater, bis eines Tages sein Reißverschluß klemmt ... »Ein heimlicher Zeitroman, der Dinge und Geschehnisse benennt, die nur scheinbar weit weg von uns sind ... Den Schuß ins Herz spürt man erst später.« (Frankfurter Rundschau)

Die kalte Schulter
Roman
ISBN 3-423-11672-2

Moritz, Kunstmaler, lebt von Gelegenheitsarbeiten. Sein einziger Halt ist Judith, die einen sicheren Beruf und einen gesunden Menschenverstand hat.

Bis bald
Roman
ISBN 3-423-12112-2

Lorenz Hatt, Denkmalpfleger, lebt mehr oder weniger unbekümmert vor sich hin – bis sein Herz schlappmacht ... »Erneutes Staunen, Spannung, Vergnügen an Werners Lakonik und Komik.« (SZ)

Festland
Roman
ISBN 3-423-12529-2

Sie leben beide in Zürich, doch sie kennen sich kaum. Eines Tages aber kommen der Vater und seine nichteheliche Tochter ins Gespräch. »Was mich berührt hat: der wunderbare Ton dieses Buches.« (Marcel Reich-Ranicki)

Der ägyptische Heinrich
Roman
ISBN 3-423-12901-8

Eine faszinierende Spurensuche: Familiensaga, Reisebericht, historischer Roman und viel mehr. »Spannend, intelligent, witzig.« (Thomas Widmer in ›Facts‹)

Uwe Timm im dtv

»Als Stilist und Erzähler sucht Uwe Timm
in Deutschland seinesgleichen.«
Christian Kracht in ›Tempo‹

Heißer Sommer
Roman
ISBN 3-423-12547-0

Johannisnacht
Roman
ISBN 3-423-12592-6
»Ein witzig-liebevoller Roman über das Chaos nach dem Fall der Mauer.« (Wolfgang Seibel)

Der Schlangenbaum
Roman
ISBN 3-423-12643-4

Morenga
Roman
ISBN 3-423-12725-2

Kerbels Flucht
Roman
ISBN 3-423-12765-1

Römische Aufzeichnungen
ISBN 3-423-12766-X

Die Entdeckung der Currywurst · Novelle
ISBN 3-423-12839-9
und dtv großdruck
ISBN 3-423-25227-8
»Eine ebenso groteske wie rührende Liebesgeschichte ...« (Detlef Grumbach)

Nicht morgen, nicht gestern
Erzählungen
ISBN 3-423-12891-7

Kopfjäger
Roman
ISBN 3-423-12937-9

Der Mann auf dem Hochrad
Roman
ISBN 3-423-12965-4

Rot
Roman
ISBN 3-423-13125-X
»Einer der schönsten, spannendsten und ernsthaftesten Romane der vergangenen Jahre.« (Matthias Altenburg)

Am Beispiel meines Bruders
ISBN 3-423-13316-3
Eine typische deutsche Familiengeschichte. »Die Jungen sollten es lesen, um zu lernen, die Alten, um sich zu erinnern, und alle, weil es gute Literatur ist.« (Elke Heidenreich)

Uwe Timm Lesebuch
Die Stimme beim Schreiben
Hg. v. Martin Hielscher
ISBN 3-423-13317-1

Bitte besuchen Sie uns im Internet: www.dtv.de